오래된 근대,
딱지본의
책그림

엮은이

오영식 吳榮植 Oh Young-shik

중앙대학교 대학원 국문학과를 졸업, 보성고등학교에서 33년간 국어교사로 근무하고 정년퇴직하였다. 전 『불암통신』(1990~2005) 발행인이며, 반년간 『근대서지』 편집장으로, 대한출판문화협회에서 주최하는 1988 모범장서가로 선정된 바 있다. 저서로 『보성 100년사』(편저, 보성고등학교), 『해방기 간행도서 총목록 1945-1950』(편저, 소명출판), 『틀을 돌파하는 미술-정현웅 미술작품집』(공편저, 소명출판), 『김광균 문학전집』(공편저, 소명출판), 『『어린이』 총목차 1923-1949』(공편저, 소명출판), 『보성과 한국문학-작고문인을 중심으로』(편저, 소명출판), 『화가 정현웅의 책그림展』(편저, 소명출판)이 있다. 제30회 한국출판학회 연구저술상(2010), 제4회 화봉학술상(2017)을 수상했다.

유춘동 兪春東, Yoo Choon-dong

연세대학교 대학원 국문학과를 졸업, 현재 강원대학교 국어국문학과에서 학생들을 가르치고 있다. 세책(貰冊)과 방각본(坊刻本)을 포함한 고소설 상업출판물의 연구, 국내외에 흩어진 고소설과 고문헌 자료의 발굴, 한·중 고소설의 비교, 한문소설의 번역, 근대 서지학에 깊은 관심을 갖고 있다. 『근대서지』 편집위원, '동아시아책문화연구학회' 총무이사로 활동하고 있다. 저서로 『한국 고소설의 현장과 문화지형』(소명출판), 『조선시대 수호전의 수용 연구』(보고사)가 있고, 자료집 및 주석본으로 『신문관의 육전소설』(공편저, 소명출판), 『세책과 방각본』(공편저, 국립중앙도서관), 『러시아와 영국에 있는 한국전적』(공편저, 국외소재문화재재단), 『금향정기』(공편저, 경인문화사), 『근대계몽기 조선의 이솝우화』(공편저, 보고사), 번역서로 『각색 이론의 모든 것』(공역서, 앨피), 『화몽집』(공역서, 보고사), 『삼방록』(공역서, 보고사), 『요람』(공역서, 보고사) 등이 있다.

오래된 근대, 딱지본의 책그림

초판발행 2018년 11월 30일
수정증보판 발행 2021년 12월 20일
엮은이 오영식·유춘동 펴낸이 박성모 펴낸곳 소명출판 출판등록 제13-522호
주소 서울시 서초구 서초중앙로6길 15, 2층
전화 02-585-7840 팩스 02-585-7848
전자우편 somyungbooks@daum.net 홈페이지 www.somyong.co.kr

값 85,000원 ⓒ 오영식·유춘동, 2018, 2021
ISBN 979-11-5905-646-8 04010
ISBN 978-89-5626-442-4 (세트)

근대서지총서 - 12

오래된 근대, 딱지본의 책그림

오영식·유춘동 엮음

The Book Painting of Old Modern DDAKJIBON

수정·증보
한정판

『오래된 근대, 딱지본의 책그림』을 내면서

'일러두기'를 겸하여

1. 딱지본은 어떤 책일까

딱지본에 관한 책을 내면서 기존에 나온 관련 책자를 살펴보니, 그 종류도 적지만 '딱지본'이라는 용어를 개념적으로 정리해놓은 자료가 많지 않았다. 이 책을 보는 이들이 국문학 연구자에 국한되지 않기를 희망하면서, 소략하나마 '딱지본'이라는 용어에 대해 정리하면서 글을 시작하고자 한다.

'딱지본'이란 '딱지'와 '본'이 합쳐져 만들어진 단어이다. 국어사전을 통해 '딱지'의 의미를 살펴보면, "① 우표, 증지, 상표 따위처럼 특정한 그림을 그리거나 글을 써넣어 무슨 표로 쓰는 종잇조각. ②＝놀이딱지: 그림을 그리거나 글씨를 쓰거나 하여 장난감으로 만든 여러 조각의 두꺼운 종이"임을 확인할 수 있다.[1] 이상의 내용과 '딱지본'을 연계하여 생각해보면, '딱지본'의 '딱지'는 ①보다는 ②에 가까움을 알 수 있다.[2]

다음 그림에서 보는 바와 같이, 딱지본은 옛날에 주로 남자 아이들이 갖고 놀던 딱지처럼 울긋불긋하고 화려한 색깔과 모양으로 표지를 꾸민 책이라고 할 수 있다. 그러면 딱지본이라는 말은 언제부터 사용되었을까?

현재로서는 이에 대한 명확한 답을 찾을 수 없다. 그림에서 보듯이 일제강점기에도 딱지는 있었으며, 50～60년대를 거쳐 80년대에 이르기까지 어린이 놀이문화로서 딱지가 존재했었다. 따

---

[1]   한글학회 편, 『우리말 큰사전』, 어문각, 1991.12.15. 1207쪽, 839쪽.

[2]   그러나 국어사전 ②의 설명도 내용상 부족하다. ②의 내용만으로 볼 때에는 남자어린이들이 달력 등의 두꺼운 종이를 네모나게 접어 땅에 내려놓고 그 옆을 내려쳐서 딱지가 뒤집히면 따먹는, 아이들의 놀이를 말하고 있다. 그런데 이 글에서 말하는 딱지는 그것과는 다르기에 다음의 인용이 좀 더 정확한 설명이라 생각한다. '두꺼운 종이'가 아니라 '울긋불긋한 그림'이 중요하기 때문이다. "대개 그 책들의 표지가 울긋불긋하게 딱지(아이들 놀이에 쓰이는 일종의 카드로서 표면 그림들이 다채롭게 석판 인쇄된 것)처럼 인쇄되어 있는 데에서 그 별명이 유래된 것 같다." 서울대동아문화연구소 편, 『국어국문학사전』, 신구문화사, 1974.3.10, 204쪽 '딱지본' 항목.

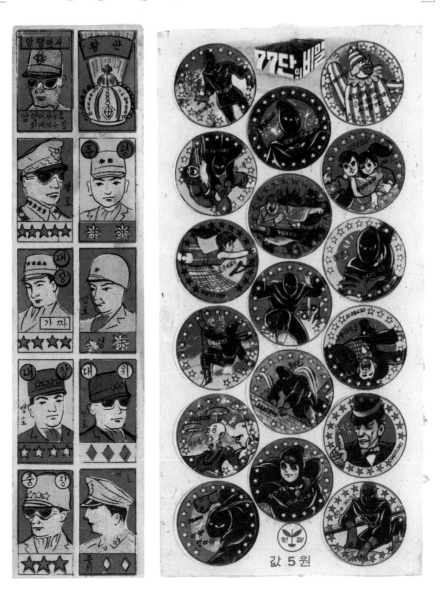

일제강점기 딱지
일본에서 제작된 것으로 보임

1960년대 딱지
군대계급장으로
만든 딱지

1970년대 딱지
만화를 바탕으로
만든 딱지

오래된 근대, 딱지본의 책그림

라서 딱지본이라는 말이 생성될 개연성은 진작부터 있었다. 그렇지만 문헌을 통해서는 70~80년대에 와서야 딱지본이라는 용어를 확인할 수 있기 때문에 처음 시작한 시기를 추정하는 것은 매우 어려운 문제이다. 여러 정황을 참고하여 조심스럽게 추정한다면, 처음에는 '이야기책'(또는 '얘기책')이라 부르다가 1950년대부터 '딱지본'이라 부르기 시작한 것으로 보인다.

그리고 두루 알고 있는 바와 같이 딱지본이라는 용어는 학술분야에서 처음 만들어져 쓰이기 시작한 용어가 아니라, 서적의 유통시장에서 만들어진 용어이다. 일반적으로 '표지가 울긋불긋하고, 값도 싼 이야기책'을 의미하던 딱지본을 국문학 연구자들이 독점하기 시작하면서 그 본래의 의미가 바뀌어, 표지의 의미는 배제하고, 속에 담긴 문자텍스트만을 중요시하는 방향으로 변질된 것으로 보인다. 이와 관련하여 딱지본의 의미를 좀 더 자세히 살펴볼 수 있는 자료를 인용해보겠다.

> 그들이 이 따위 책을 사가는 심리는 ① 울긋불긋한 그림 그린 표지에 호기심과 구매욕의 자극을 받고, ② 호롱불 밑에서 목침 베고 드러누워서 보기에도 눈이 아프지 않을 만큼 큰 활자로 인쇄된 까닭으로 호감을 갖고, ③ 정가가 싸서 그들의 경제력으로도 능히 1,2권쯤은 일시에 사볼 수 있다는 것이 다시 구매욕을 자극하므로 드디어 그들은 그 책을 사가는 것이오 사가지고 가서는 ④ 문장이 쉽고 고성대독하기에 적당하므로 ― 소위 그들의 '운치'가 있는 글이 그들을 매혹하는 까닭으로 애독하고, ⑤ 소위 재자가인의 박명애화가 그들의 눈물을 자아내고, 부귀공명의 성공담이 그들로 하여금 참담한 그들의 현실로부터 그들을 우화등선하게 하고, 호색남녀를 중심으로 한 음담패설이 그들에게 성적 쾌감을 환기케 하여 책을 버릴래야 버리지 못하게 하므로 그들은 혼자서만이 책을 보지 않고 이웃사촌까지 청하여다가 듣게 하면서 굽이굽이 꺾어가며 고성대독하는 것이다. (…중략…) 그들은 이야기책의 표장(表裝)의 황홀, 정가의 저렴, 인쇄의 대(大), 문장의 운치에만 흥미를 가질 뿐만 아니고 (…후략…)[3]

딱지본을 거론할 때마다 '전가傳家의 보도寶刀'처럼 인용되는 팔봉八峰 김기진金基鎭의 글이다. 딱지본이 어떤 책인가를 논의하는 데 있어 이 글은 아직도 유효한 자료임이 분명하다. 장황한 관계로 전체를 인용하지 못하였는데, 이 글을 통해서 우리는 몇 가지 중요 사항을 확인할 수 있다. 가장 먼저 지적할 점은 용어 문제로, 팔봉은 '이야기책'이라 표현했지 '딱지본'이라는 용어는 사용하지 않았다. (물론 그런 표현이 존재했으나 학문용어로는 적합하지 않아 사용하지 않았을 가능성도 배제할 수

---

3 김기진, 「대중소설론」, 『동아일보』, 1929.4.14~4.20; 『김팔봉문학전집』 1, 문학과지성사, 1988.8, 128~138쪽에 재수록.

는 없다.) 다음으로는 '표장의 황홀'을 거론했다는 점이다. '황홀'이라고 추상적으로 표현하긴 했으나, 이전 소설책들의 표지 장정에 비해서 딱지본의 그것이 매우 특징적이었다는 점을 분명히 인지하고 있었다. 그밖에 '정가의 저렴'이나 '인쇄의 대'라는 지적도 딱지본을 이해하는 데에 중요한 요소임에 틀림이 없다.

이렇게 볼 때, 딱지본은 '울긋불긋한 그림을 그린, 표지의 꾸밈이 황홀한, 여느 책에 비해서 활자 포인트도 크고, 정가도 비교적 싼' 책이라고 규정할 수 있겠다.

2. '딱지본'에 대한 반성적 고찰

딱지본은 70~80년대까지만 해도 시골장터에 가면 한구석에서 어렵지 않게 찾아볼 수 있었고, 불과 십여 년 전만 해도 변두리 헌책방만 가도 한두 권 만나는 것은 어려운 일이 아니었다. 그러나 근자에 이르러서는 그러한 풍속도는 이미 사라졌고, 급기야는 딱지본조차 박물관에나 가야 볼 수 있는 존재가 되고 말았다. 범우사판 『한국의 딱지본』(소재영 외, 1996.8.30)이 나올 때만 해도 그렇지 않았는데 불과 20여 년 만에, 딱지본과 관련해서는 커다란 변화가 일어났다고 말할 수 있다.

근대서지학회는 평소 범우사판 『한국의 딱지본』의 소략함을 채워줄 후속작업의 필요성을 기회 있을 때마다 논의해왔다. 그러던 차에 딱지본이라는 존재가 책방의 서고에서 사라지는 지경에 이르게 되자 늦게나마 관심 있는 이들의 욕구를 충족시켜줄 자료집을 내게 되었다.

그런데 딱지본과 관련하여 놓쳐서는 안 되는 또 하나의 중요한 변화가 있다. 이것은 이번 자료집을 내게 된 근본 이유이기도 하다. 그동안 딱지본의 '주인'은 국문학 연구자들이었다. 고소설 연구자들이 딱지본 연구의 서막을 올렸고, 근대소설 연구자들이 그 뒤를 이어서 딱지본을 사유화私有化해왔다. 그 결과 딱지본은 '구활자본 고소설'과 동의어가 되기도 했고, 다른 한편 '신소설'과 동의어가 되기도 하였다.

단어가 갖고 있는 의미를 생각해보면 누구나 쉽게 알 수 있듯이, 딱지본은 '구활자본 고소설'이나 '신소설'과 동의어가 될 수가 없다. 딱지본은 책의 형태를 감안한 '어떤 책들을 일컫는 명칭'인 데 반하여, '구활자본 고소설'이나 '신소설'은 산문문학에 있어 소설의 하위항목을 이루는 용어인 것이다.

그런데 근자에 들어 미술사학이나 디자인사史 분야에서 딱지본을 다루게 되면서 딱지본에 대한 이러한 잘못된 인식은 근본적으로 수정되지 않을 수 없게 되었다. 왜냐하면 시각이미지를 중시하는 학문에 있어서 구활자본이나 신소설이란 점은 거의 고려 대상이 아니기 때문이다. 그들은 우선적으로 딱지본의 표지에 주목하여 특정 화가가 그린 이미지를 연구하거나, 조선시대 전통적 책표지가 딱지본처럼 화려해지는 이유를 사회변화와 맞물려 살펴보고 있다. 딱지본이라는 책의 내용에 빠져들지 않고, 딱지본 책의 표지나 삽화 등 장정과 관련된 시각이미지를 중요시하는 새로운 접근이 이루어지고 있는 것이다.

이제 딱지본이 담고 있는 문자텍스트에만 주목한 국문학 연구자들로부터 딱지본을 돌려받아야 한다. 화려하고, 재미있는 이미지 텍스트로서의 딱지본에 주목하는 한편, 나아가 이런 표지가 갖는 의미를 회화적·미술사적·사회사적 입장에서 살펴보고, 한 단계 더 나아가 출판사적 의미까지 찾아야 할 것이라고 생각한다.

3. 이 책을 내면서

딱지본이 불과 얼마 전까지 우리 생활 속 친근한 출판물로 자리해온 것은 틀림이 없으나 다른 한편으로 그만큼 학문적 조명을 받지는 못하였다. '딱지본'이라는 단어가 들어가 있는 관련도서가 한두 종에 불과한 것만으로도 그것은 충분히 수긍이 될 것이다. 범우사판『한국의 딱지본』(소재영 외, 1996.8.30)과 민속원에서 낸『딱지본 대중소설의 발견』(이영미 외, 2009.2.10)이 그것인데, 이 두 책을 제외하고는 모두 국문학 연구자들이 '구활자본 고소설'이라는 개념으로 저술한 자료들뿐이다. 물론 이 가운데『딱지본 대중소설의 발견』도 소설문학 연구자들이 대중소설 성격을 띤 신소설들만을 선별적으로 지칭한 것이기에 스스로 한계를 가지고 있다.

20여 년 전에 나온 범우사판『한국의 딱지본』은 도록 형태로 딱지본의 표지 이미지를 수록한 최초이자 유일한 자료집이었다. 총 259면에 185종의 딱지본 표지를 수록한 이 책은, 15×21cm의 비교적 작은 책 크기, 185종 가운데 57종 가량이 1950년대 이후 판본이라는 점 등에서 아쉬운 바가 없지 않았으나 당시로서는 단행본으로 내기 쉽지 않은 종류의 책을 엮어낸 선구적 출판이라 하지 않을 수 없다.

한편 딱지본이라는 단어를 포함하지도 않았고, 엄밀히 말해 단행본으로 출판된 책도 아니지만, (재)아단문고에서 펴낸 『통속과 정념의 매혹 : 옛날 이야기책을 만나다』는 딱지본과 관련하여 빠뜨릴 수 없는 중요 문헌이다. 2007년 10월에 열린 같은 이름의 전시회 도록으로, 아단문고가 소장하고 있는 희귀 딱지본 자료들의 이미지를 수록하고 있는 이 책은, 엄밀한 의미에서 모두다 딱지본이라 할 수는 없지만 대략 135종의 딱지본 표지 이미지를 수록하고 있다. 쉽게 볼 수 없는 귀한 자료들을 담고 있는 훌륭한 자료집임에는 틀림없으나, 수록된 이미지들의 크기가 너무작아 시각성을 확보하지 못한 것이 못내 아쉬웠다.

이러한 자료들을 살펴본 결과, 새로 내는 책은 ① 가급적 표지 이미지를 크게 하고, ② 표지뿐만 아니라 판권지까지 영인하며, ③ 원본의 이미지를 최대한 그대로 반영하여 서지사항 입력 시생길 오식誤植에 대비하고, ④ 해제는 미술사 연구자를 우선하되, 신소설 및 고소설 연구자의 글과도서의 유통에 관한 논고까지 싣기로 하였다. 해제를 주신 다섯 분 선생님들께 깊이 감사드린다.

이 자료집은 근대서지학회 회원들 내에서 이야기가 시작되어 서로의 협조를 거치고, 학회 안팎의 도움을 받아 완성되었다. 이 과정에서 가장 많은 애를 써주신 분이 최철환(전 애서가협회 회장)님이다. 본인 소장 딱지본은 물론이고, 여승구(화봉문고 대표) 님과 송부종(동양문고 대표) 님, 김병호(수집가) 님의 딱지본까지 앞장서서 모아주셨다. 최 선생님의 노고 덕택에 고소설 딱지본들은 모양새를 갖출 수 있었다. 특히 귀중본을 다수 소장하고 있는 여승구 님의 도움으로 희귀 딱지본의원본 이미지를 무난히 갖출 수 있었다. 깊이 감사드린다.

어찌 보면 이 자료집의 특징이 될 수 있을 현대소설 딱지본의 대부분은 춘천 김현식(대일광업대표) 님의 덕택이다. 진작부터 이쪽 분야를 수집해온 경력에 걸맞게, 수준 높은 작품들을 많이 소장하고 있었고, 아낌없이 협조해주신 덕분에 볼거리가 풍부한 책을 만들 수 있었다.

그리고 가장 기본적이면서 중요한 이미지라 할 수 있는, 딱지본을 포함한 근대 초기 소설책들의 이미지는 (재)아단문고의 도움을 받아 실을 수 있었다. 실로 아단문고가 아니면 구할 수 없는중요 자료들이다. 아단문고는 물론이고, 실무를 맡고 있는 박천홍 학예실장께 깊이 감사드린다.

그밖에 학회를 대표하여 이 책의 편저編著를 맡은 필자와 유춘동 선생도 각각 한몫을 맡았는데,필자는 소장본 50여 책을 제공하였고, 유춘동 선생은 개인 소장도서는 물론이고, 국립중앙도서관 소장본의 이미지까지 맡아주었다. 그리고 십시일반의 의미에서 김종태, 엄동섭, 한상언 회원이 도움을 주었으며, 귀한 근대사 유물이 된 딱지 원본과 딱지본 몇 책을 도와주신 김영준(시간여행 대표) 님과 근대문학관(인천) 함태영 선생의 도움도 매우 소중하였다.

　도움을 주신 모든 분들께 깊이 감사드린다.

4. 일러두기

1) 이미지 배열순서 및 기타 사항

　책을 엮으면서 가장 고민했던 부분이다. 1908년경의 딱지본 초기부터 시작하여 1950년대 이후로 끝맺는 통시적 배열이 가장 무난한 방식이라 생각했었다. 그런데 그런 식으로 배열해본 결과, 동일 제목(내지는 이본 관계에 있는) 작품들이 발행년도에 따라 이곳저곳으로 흩어져 그들을 한눈에 알아볼 수 없는 어려움이 있다는 사실을 알게 되었다.

　게다가 처음 이 책을 준비할 때, 딱지본에는 수량면에서 많지는 않지만, 소설책만 있는 것이 아니라 가요집은 물론이고 실용서(척독류 등)와 같은 다양한 딱지본도 존재한다는 사실을 드러내려 하였다. 그래서 1908년부터 1950년 이전까지의 배열을 기본적으로 '소설'과 '비非소설'로 나누어 제시하였다. 그 결과 '통시적 배열'과 '내용에 따른 카테고리 구분'이라는 두 요소를 함께 고려하여 배치하였다. 이 점 독자들의 깊은 이해를 바라며, 이 부분에서 아쉬운 점은 색인索引란의 「발행연도순 목록」을 통해서 보완하기 바란다.

　이 책에서 밝힐 주요 일러두기 사항은 다음과 같다.

① 통시적 관점에서 딱지본이 본격 출현하기 이전 책들의 표지를 제시하여, 이어지는 딱지본 시대의 책 표지가 어떻게 변했는가를 변별력 있게 보여주려 하였다. 이 시기 책 제목 표기는 원래 표기를 따랐다.

② 1908년부터 1950년 이전까지의 딱지본들은 우선 '소설'과 '비소설'로 나누어 '소설'을 먼저 제시하였으며, 그 안에서는 책 제목의 가나다 순서를 따라 동일 내지는 유사 제목의 작품들을 한눈에 볼 수 있도록 하였다. '비소설'의 경우는 내부 카테고리에 따라 몇 가지로 나누고, 그 안에서는 간행 시기순으로 배열하였다. 아울러 이 부분 책 제목의 표기는, 원래 제

목은 사진을 통해서 확인할 수 있으므로 현대어로 통일하여 표기하였다.

③ 1950년대 이후의 딱지본은 이전 시기와 마찬가지로 '소설'과 '비소설'로 나누되, ㉠ 앞선 딱지본을 다시 찍은 것이 대부분이며, ㉡ 잔존부수도 적지 않으며, ㉢ 판권사항도 상대적으로 덜 중요하다고 판단되어 이전 시기에 비하여 소략하게 처리하였다.

2) 그밖의 일러두기

① 서명書名 가나다 순 배열 시에 제목 앞에 붙은 소제목은 가급적 생략하였고, '상권', '하권' 내지 '권1', '권2' 등도 이미지에 있으므로 소략하게 다루었다. 또한 원칙적으로 'ㄹ' 초성은 인정하지 않았다.

② 그림 형태의 표지로 되어 있는 딱지본만을 수록하는 것이 원칙이나 필요한 경우 그렇지 않은 이본을 포함하였다.

③ 표지는 물론 판권지까지 원전의 모습을 보여주어 제목이나 간행일자 표기의 오식誤植에 대비하였다.

④ 인명 등의 한자 병기並記는 가급적 초출初出에 한限하였다.

⑤ 이미지의 상호보완을 위해 동일한 이미지를 중복 제시하기도 하였다.

⑥ 50년대 이후 딱지본의 경우 판권지 및 '저작겸발행인' 표기를 생략하였다.

⑦ 원전이 훼손되어 알 수 없는 부분의 경우, '○' 또는 '□'로 표시하였다.

⑧ '찾아보기'는 '서명별'과 '간행년도별' 두 가지로 마련하여 상호 보완하도록 하였는데, 딱지본의 특성상 판권지가 유실되어 간행일자를 알 수 없는 것들은 부득이 제외하였다.

이 책에 수록된 자료의 총계

① 딱지본 이전의 책표지	24종	26책
② 딱지본 소설	414종	605책
③ 딱지본 비소설	35종	36책
④ 1950년대 이후 딱지본 소설	90종	115책
⑤ 1950년대 이후 딱지본 비소설	12종	12책
누계	575종	794책
(딱지본)	551종	768책

5. 끝으로

앞에서 여러 차례 밝힌 바와 같이, 지금까지 딱지본은 국문학 연구자들의 전유물이었다. 그러나 시대적 감각이 시각이미지를 중요하게 여기는 방향으로 바뀌면서 딱지본에 대한 관심이 전방위로 확대되고 있다. 그런데 참고할 만한 책이라고는 20년도 넘은 예전에 나온 범우사판 『한국의 딱지본』 외에는 한두 책에 불과한 정도이다. 이러한 현실을 안타깝게 생각한 근대서지학회 회원들의 울력으로 새로운 자료집을 엮어내게 되었다. 바라건대 관심 있는 많은 이들에게 요긴한 참고 서적이 되었으면 싶다.

이 책은 애초에는 소명출판의 창립 20주년 기념도서로 기획되었다. 2018년 2월로 창립 20주년을 맞은 소명출판은 근대서지학회의 든든한 후원자이다. 근대서지학회가 소명출판의 경사를 축하하는 기쁜 마음에서 시작했지만, 학회의 준비도 부족했고, 당시 출판사 업무도 폭주하여 그만 시기를 놓치고 말았다.

결국 계절이 두 번 바뀐 뒤에 근대서지총서로 발간하게 되었지만, 소명출판의 창립 20주년을 축하하는 마음만은 변함이 없다. 척박한 인문학 출판현실에서 20년 동안 굳건하게 금자탑을 쌓아온 소명출판 박성모 대표에게 경외심과 더불어 깊은 감사의 마음을 전한다.

지금 간행하는 이 자료집의 경우도 그러하듯, 이제는 이러한 종류의 종이책을 쉽게 낼 수 없는 풍토가 되었다. 따라서 이 책은 박성모 대표의 '옛책 사랑하는 마음'이 없었다면 도저히 나올 수 없었을 것이다. 다시 한번 깊이 감사드리며, 아울러 이미지 등으로 어려움이 많은 이번 책에도 최선을 다해주신 공홍 편집장 이하 소명출판 직원 여러분들께 깊이 감사드린다.

오영식 근대서지학회장

『월남망국ᄉ』

주시경周時經(역), 박문서관,
1907.11.30(?)

주시경 번역의 『월남망국사』는 당대 베스트셀러로, 1907.11.30(초판),
1908.3.11(재판), 1908.6.15(三版) 발행되었다. 이 책은 판권지가 유실
되어 정확한 판차를 알 수 없으나 『周時經全書』 6(김민수 편, 탑출판사,
1992.2.22)에 수록되어 있는 三版本과는 차이가 있어, 초판이나 재판으로
추정된다.

오래된 근대, 딱지본의 책그림

딱지본
이전의
책표지

차례

『서사건국지瑞士建國誌』

박은식朴殷植(역), 대한매일신보사, 1907.8

『셔스건국지』

김병현(역), 박문서관, 1907.11.11

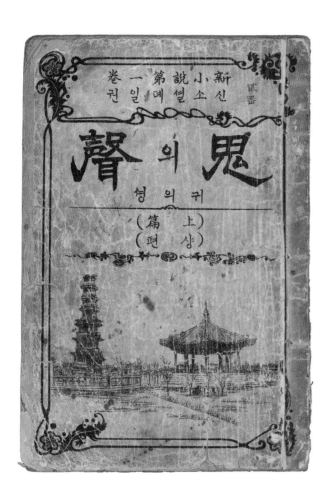

『귀鬼의 성聲』(上)

이인직李人稙, 광학서포,
1907.10.3

파고다공원을 촬영한 사진으로
표지를 구성

『귀鬼의 성聲』(下)

이인직, 광학서포, 1908.7.25

『이국부인젼愛國婦人傳』

장지연張志淵, 광학서포,
1907.10.3

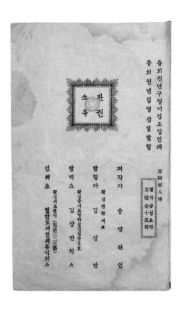

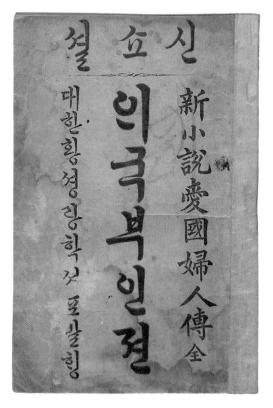

『이국정신담愛國精神談』

이채우李埰雨(역), 중앙서관,
1908.1

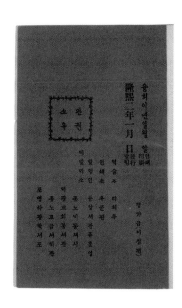

『혈血의 루淚』
이인직, 광학서포,
1908.3.27(재)
(초=1907.3.17)

『화성돈전華盛頓傳』
이해조李海朝(역술譯述), 회동서관,
1908.4

오래된 근대, 딱지본의 책그림

『경부텰도노래』

최남선崔南善, 신문관,
1908.5.10(三)

(초=1908.3.20, 재=4.20)

『한양노래』

최남선崔南善, 신문관, 1908.10.15

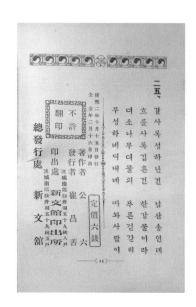

『강감찬전姜邯贊傳』

우기선禹基善, 현공렴가, 1908.7.15

『이충무공실기李忠武公實記』

이분李芬, 현공렴가, 1908.7.15

『**나빈손표류기**羅賓孫漂流記』

김찬金欖(역술譯述), 의진사,
1908.9.10

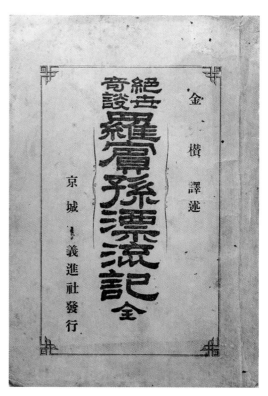

『**경국미담**經國美談』(권상)(권하)

현공렴玄公廉(역술 겸 발행), 1908.9

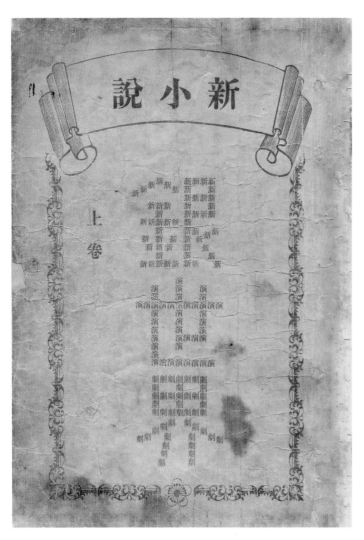

『은세계銀世界』
이해조李海朝, 동문사, 1908.11.20

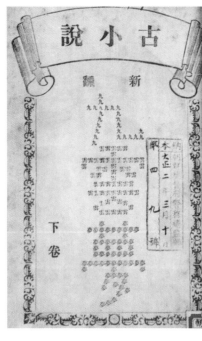

『구운몽九雲夢』(下卷)
현억玄檍, 동문서림, 1913.3.10

타이포 그래픽 구성으로 유명한 『은세계』의 표지를
그대로 패러디한 『구운몽』(동문서림판)

『장빈』

경인신지사, 1894

조선의 궁중 비화를 다룬 이야기
책으로 우리 딱지본 연구의 참고
자료로 판단됨.

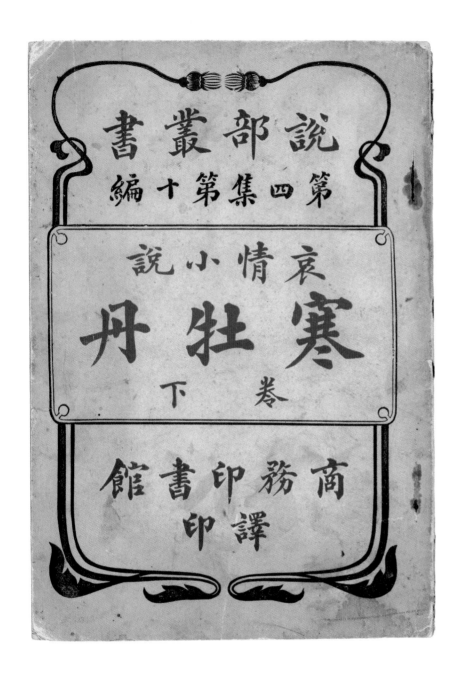

『한목단寒牡丹』(卷下)
중국상무인서관, 1907
(光緖33년 재판)

중국의 소설 총서 표지 문양과 그
것을 패러디한 1910년대 초기
의 표지들.

오래된 근대, 딱지본의 책그림

『현미경』
동양서원

『춘외춘』
신구서림

『한월』
박문서관

『천리경』
조선서관

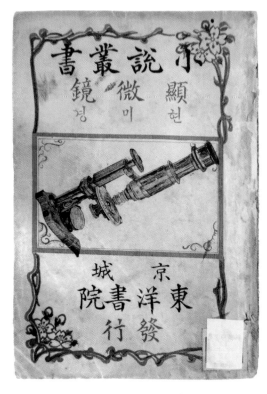

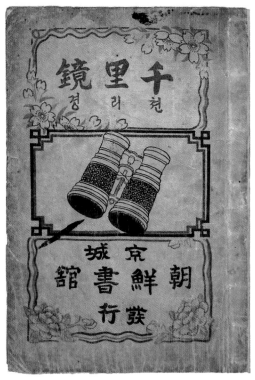

『썰늬버유람긔』

신문관편집국(편수), 신문관,
1909.2.12

오래된 근대, 딱지본의 책그림

『계명성』

이풍호李豊鎬, 보문사, 1908.12

隆熙二年十二月 日印刷發行

不許 複製

發賣元 分賣所 書籍發售廣告

京鄉各有名書舘

著述者　李豊鎬
發行者　李郇雨
印刷所　普文社
廣學書舗　金相萬

文明進化論　定價三十錢
致富新說　定價十三錢
片片奇談警世歌　定價十五錢

定價金拾伍錢

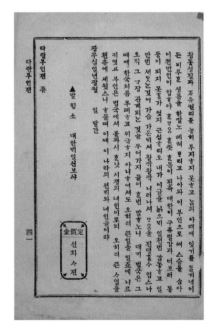

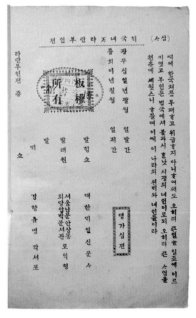

『라란부인젼』
역자미상, 대한매일신보사,
1907.8(초판)(1908.7 재간)

오래된 근대, 딱지본의 책그림

『이태리소년』
이보상李輔相, 중앙서관,
1908.10.28

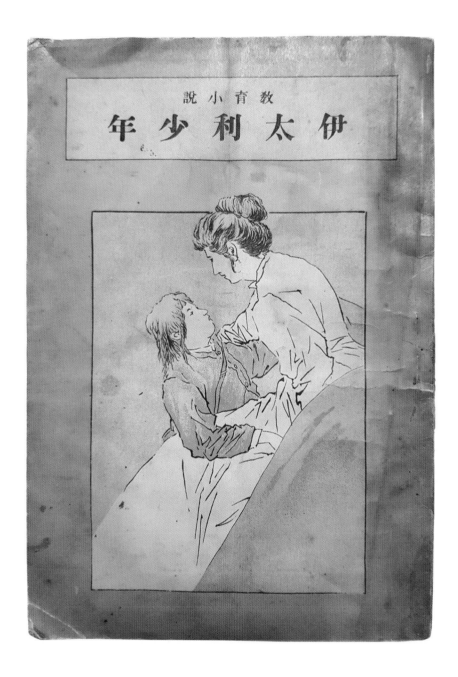

딱지본 이전의 책표지

33

운령雲嶺 표지화

『피터대제彼得大帝傳』

김연창金演昶(역술),
신채호申采浩(교열),
광학서포, 1908.11.5

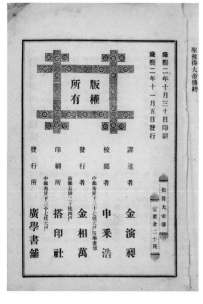

오래된 근대, 딱지본의 책그림

오래된 근대, 딱지본의 책그림

딱지본의
책표지

소설

『가인기우佳人奇遇』

현공렴, 대창서원外,
1921.11.23(재)(초=1918.9.25)

오래된 근대, 딱지본의 책그림

『가인기우佳人奇遇』

신태삼申泰三, 세창서관, 1934.11.10

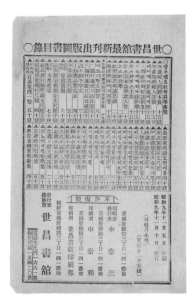

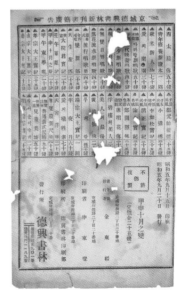

『갑신시월지변甲申十月之變』

김동진金東縉, 덕흥서림, 1930.9.20

오래된 근대, 딱지본의 책그림

『갑오동학란기甲午東學亂記』
강의영姜義永, 영창서관外, 1929.11.20

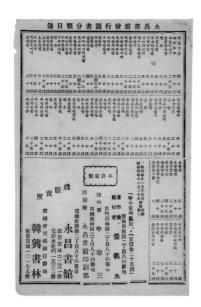

『강감찬실기|姜邯贊實記』

강의영, 영창서관, 1928.12.28

오래된 근대, 딱지본의 책그림

『강남화江南花(一名 : 화씨전花氏傳)』

이종수李宗壽, 성문당서점, 1934.11.25

『강명화전康明花傳』

이해조, 박문서관, 간행일자 미상

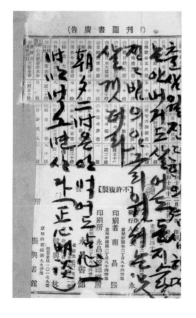

『강명화전康明花傳』
강의영, 영창서관外, 1935.12.25

오래된 근대, 딱지본의 책그림

『강명화실기康明花實記』(下)
이해조, 회동서관(元賣所), 1925.1.18

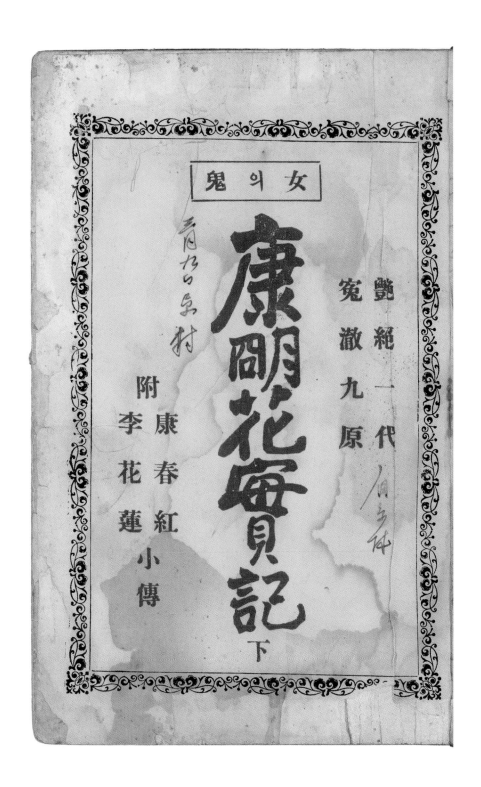

『강명화康明花』
신창환申昌煥, 동화당서점,
1945.9.20

오래된 근대, 딱지본의 책그림

관재貫齋 이도영李道榮 표지화

『강상기우江上奇遇』

노익형盧益亨, 박문서관, 1924.8.30

『강상루江上淚』
김이태金珥泰, 대창서원, 1919.1.25

오래된 근대, 딱지본의 책그림

『강상루江上淚』

김이태金珥泰, 영창서관, 1922.12.20

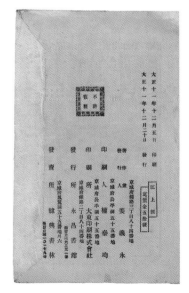

『강상련江上蓮』
이해조, 신구서림, 1917.6.10(八)
(초=1912.12.15)

『강상련江上蓮』
이해조, 광동서국, 1912.11.25

관재 이도영 표지화

『**강상월江上月**』

고유상高裕相, 회동서관, 1913.1.7

관재 이도영 표지화
『강상월江上月』
고유상, 회동서관, 1924.12.31(재)
(초=1913.1.7)

『강상월江上月』
고유상, 회동서관,
1924.12.31(재)

오래된 근대, 딱지본의 책그림

『강상촌江上村』

청초당聽蕉堂, 박학서원,
1912.11.7

『강상촌江上村』
청초당, 덕흥서림, 1928

오래된 근대, 딱지본의 책그림

『강상혼江上魂』

유석조庾錫祚作, 광학서포外,
1925.10.15

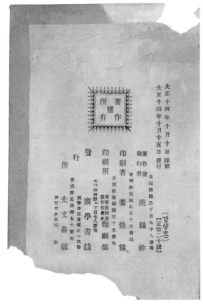

『강태공실기姜太公實記』
박건회朴健會, 조선서관,
1913.11.5

오래된 근대, 딱지본의 책그림

『강태공전姜太公傳』

김동진, 덕흥서림, 1925.11.30

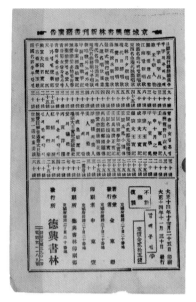

『강태공전姜太公傳』

지송욱池松旭, 박문서관,
1925.9.15(四)

(초=1917.11.7)

『경세종警世鐘』
김필수, 광학서포(발매소),
1908.10.30

오래된 근대, 딱지본의 책그림

『경포대鏡浦臺』

이종정李鍾楨, 광동서국外,
1926.12.15

『계명산鷄鳴山』
현공렴, 대창서원, 1926.12.10

오래된 근대, 딱지본의 책그림

『고독각씨孤獨閣氏』

박건회, 광명서관, 1916.9.16

운령雲嶺 표지화

『고목화枯木花』

현공렴, 동양서원, 1912.1.20

今村雲嶺(이마무라 운레이). 경묵당의 휘호 모임
에도 자주 어울렸던 화가로『피터大帝』(1908),
『원앙도』(1911) 등의 표지화를 그렸다.

『고학생苦學生의 설음』

월파月波, 영창서관外,

1933.11.30(재)

(초=1932.2.8)

오래된 근대, 딱지본의 책그림

『곽분양실기|郭汾陽實記』

고유상, 회동서관, 1925.12.20

『곽해룡전郭海龍傳』

강의영, 영창서관, 1925.1.20

『곽해룡전郭海龍傳』

고유상, 회동서관, 1926.2.10

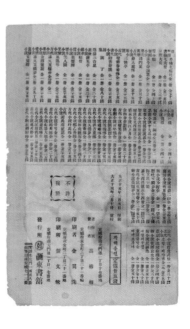

오래된 근대, 딱지본의 책그림

『광야廣野』
남궁준南宮濬, 유일서관,
1912.9.30

이승철 표지화
『괴적단怪賊團』
강하형姜夏馨, 세창서관外,
1934.10.5

관재 이도영 표지화

『**구마검**驅魔劍』

이해조, 대한서림, 1908.12

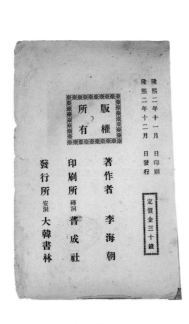

『구사일생九死一生』

노익형, 박문서관, 1930.12.15

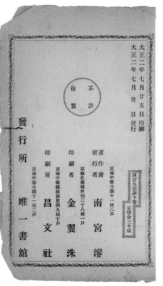

『구운몽九雲夢』(下卷)
유일서관, 1913.7.30

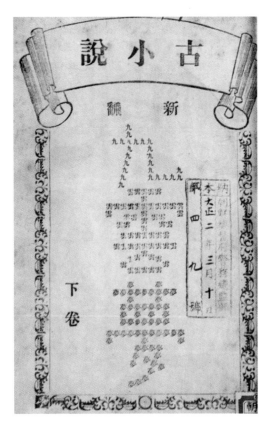

『신번新飜 구운몽九雲夢』(下卷)
현억玄憶, 동문서림, 1913.3.10

오래된 근대, 딱지본의 책그림

『구운몽九雲夢』

김용준金容俊, 박문서관,
1918.4.30(재)
(초=1917.2.28)

『구운몽九雲夢』

강의영, 영창서관, 1925.10.30

『구운몽九雲夢』(上編)

홍순필, 조선도서, 1925.11.30

『구운몽九雲夢』(下編)

홍순필, 조선도서, 1925.11.30

오래된 근대, 딱지본의 책그림

『**구의산**九疑山』

이해조, 박문서관,
1925.2.15(九)(초=1912.7.20)

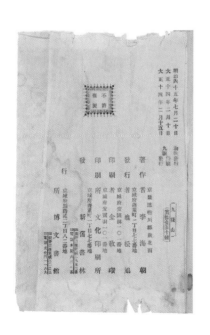

『구의산九疑山』(上編)

이해조, 박문서관, 1912.7.20

『구의산九疑山』(下編)

이해조, 박문서관, 1912.7.25

오래된 근대, 딱지본의 책그림

학전學田 표지화

『국菊의 향香』(上編)

조중환趙重桓, 유일서관, 1914.8.5

『권용선전權龍仙傳』
지송욱池松旭, 신구서림,
1920.2.10(재)(초=1918.1.15)

오래된 근대, 딱지본의 책그림

『권익중전權益重傳』
(一名 : 권선동전權仙童傳)

在田堂書舖

(기타 서지사항 미상)

『권익중전權益重傳』
(一名 : 권선동전權仙童傳)

오세헌吳世憲, 삼화당서점, 1935.11.7

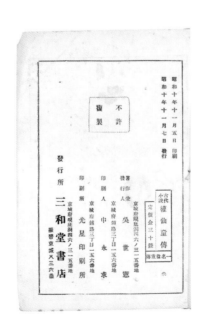

『귀鬼의 성聲』
이인직, 동양서원, 1913.3.15(재)

초판(1907)의 사진이 그림으로
바뀌었다.

『그날밤』

홍병석(편발), 홍문서관,
1936.10.15

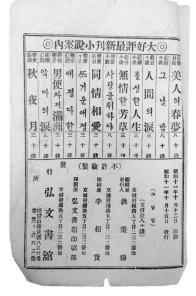

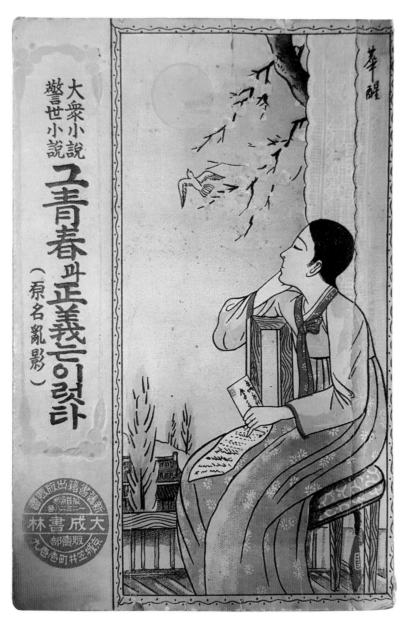

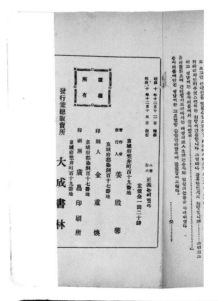

『그 청춘靑春과 정의正義는 이렇다』(원명:난영亂影)

최독견崔獨鵑, 대성서림, 1935.12.15

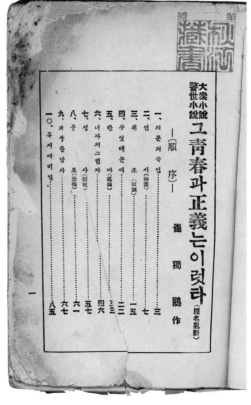

『금강문金剛門』

최찬식崔瓚植, 박문서관,
1922.1.5(五)(초=1914.8.19)

『금강산실기金剛山實記』
박건회, 박문서관, 1924.12.25⑷
(초=1915.9.26)

오래된 근대, 딱지본의 책그림

『금국화金菊花』(上編)

김용준, 보급서관, 1913.9.5

『금국화金菊花』(下編)

김용준, 보급서관, 1914.1.10

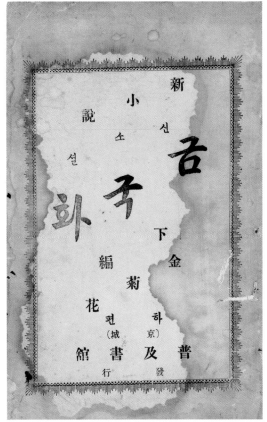

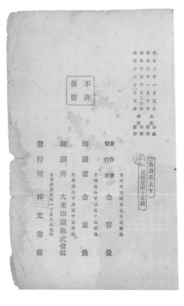

『금국화金菊花』
김용준, 박문서관, 1921.11.5(재)
(초=1914.1.10)

오래된 근대, 딱지본의 책그림

『금낭이산金囊二山』
고경상, 회동서관, 1915.10.2(재)
(초=1912.12.20)

『금낭이산金囊二山』
(一名 : 보심록)

김동진, 덕흥서림, 1925.11.15

오래된 근대, 딱지본의 책그림

『금방울전』

홍순필, 경성서적업조합,
1926.12.20(재)(초=1925.11.10)

『금방울전』

이종수李宗壽, 성문당서점,
1936.10.10

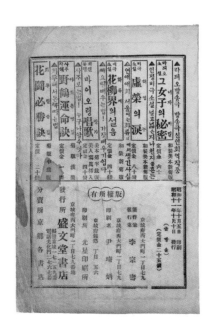

『금산사몽유록金山寺夢遊錄』

최석정崔錫鼎, 신구서림,
1925.12.30

오래된 근대, 딱지본의 책그림

『금상첨화錦上添花』
지송욱, 신구서림,
1922.8.21(七)(초=1913.10.28)

『금수회의록禽獸會議錄』
안국선安國善, 황성서적업조합,
1908.5(재)(초=1908.2)

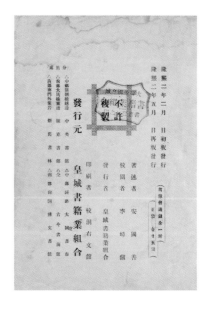

오래된 근대, 딱지본의 책그림

『금향정기|錦香亭記』
박건회, 신구서림,
1924.1.20(재)(초=1916.1.18)

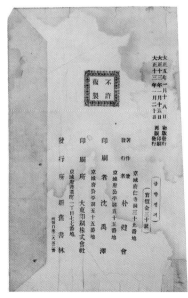

『김진옥전金振玉傳』
조남희趙男熙, 동양서원,
1925.9.30(재)

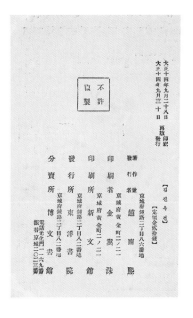

오래된 근대, 딱지본의 책그림

『김태자전金太子傳』

홍순필, 박문서관, 1926.12.20

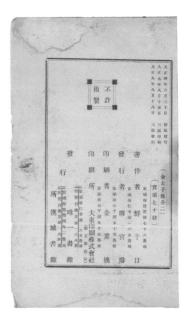

『김태자전金太子傳』(下)
선우일鮮于日, 유일서관外,
1920.8.18(三)(초=1915.6.30)

오래된 근대, 딱지본의 책그림

『김학공전金鶴公傳』

김재덕金在惠, 경성서관,
1925.11.27

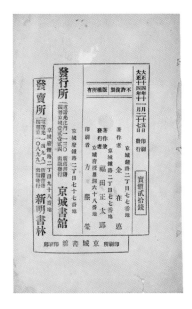

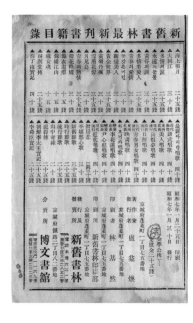

『김학공전金鶴公傳』
노익환, 신구서림, 1932.1.30

오래된 근대, 딱지본의 책그림

『꽃같은 미인』

노익환, 신구서림,
1934.11.30(四)(초=1926.12.20)

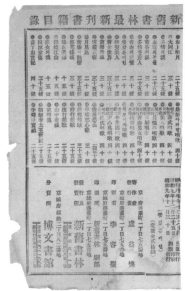

이승철李承喆 그림

『꿈 속의 꿈』

명주明洲, 태화서관,
1947.11.10(五)(초=1932.10.9)

오래된 근대, 딱지본의 책그림

『나무아미타불南無阿彌陀佛』
이종정, 광동서국, 1922.2.28

『낙락장송落落長松』
노익형, 박문서관, 1930.3.20

오래된 근대, 딱지본의 책그림

『낙화유수落花流水』

춘파春坡, 영창서관外,
1933.12.8(四)(초=1929.12.15)

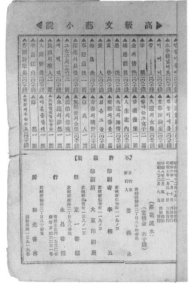

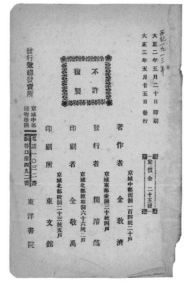

『난봉기합鸞鳳奇合』
김교제金敎濟, 동양서원,
1913.5.25

『남강월南江月』

김동진, 덕흥서림, 1915.12.25

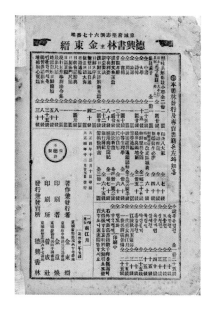

『남이장군실기南怡將軍實記』

장덕무張道斌, 덕흥서림, 1926.12.30

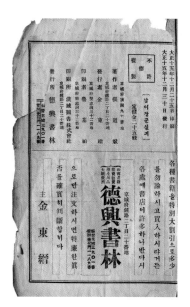

『누구의 죄』
이해조, 보급서관, 1913.6.5

오래된 근대, 딱지본의 책그림

『누구의 죄』
이해조, 박문서관, 1921.6.18(재)
(초=1913.6.5)

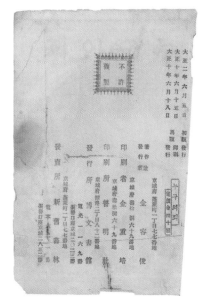

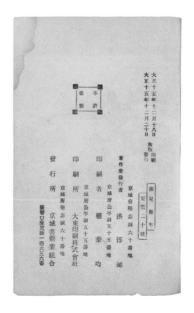

『능견난사能見難思』
홍순필, 경성서적조합,
1926.12.20

오래된 근대, 딱지본의 책그림

『능라도綾羅島』

최찬식, 박문서관,
1930.3.10(十二)(초=1919.1.27)

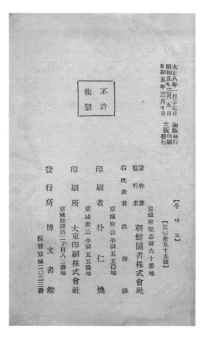

『능라도綾羅島』

최찬식, 유일서관, 1919.2.7

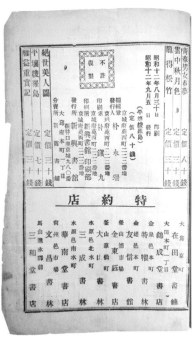

『평양 능라도綾羅島』
박영서朴永瑞, 신흥서관,
1937.9.5

오래된 근대, 딱지본의 책그림

『다정다한多情多恨』

성원星園, 영창서관,
1932.10.15(三)(초=1928.9.25)

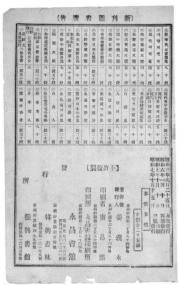

『다정多情한 동무』
노익형, 박문서관, 1935.7.5

오래된 근대, 딱지본의 책그림

『단발령斷髮嶺』
지송욱, 신구서림, 1913.6.20

『단발미인斷髮美人』
노익환, 신구서림, 1930.1.10(四)
(초=1925.1.30)

오래된 근대, 딱지본의 책그림

『단발부인斷髮夫人』

고병교高丙敎, 성문당서점,
1936.10.10(재)(초=1929.10.30)

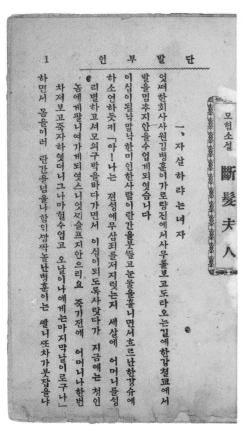

모험소설 斷髮夫人

一, 자살하랴는녀자

『단산봉황』
지송욱, 신구서림,
1923.1.13(초=1917.2.25)

오래된 근대, 딱지본의 책그림

『단장록斷腸錄』(上編)

남궁준, 유일서관, 1916.11.25

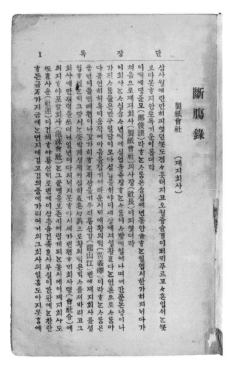

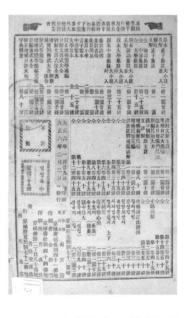

『단장록斷腸錄』(中編)
남궁준, 유일서관外, 1916.11.25

오래된 근대, 딱지본의 책그림

『단장록斷腸錄』(下編)
남궁준, 한성서관외, 1916.11.30

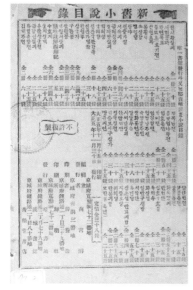

『단종대왕실기端宗大王實記』
김동진, 덕흥서림, 1934.10
(초=1929.9.17)

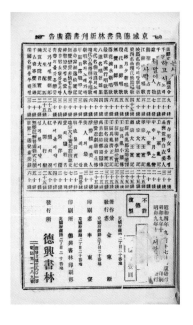

오래된 근대, 딱지본의 책그림

『당태종전唐太宗傳』

박건회, 박문서관, 1917.1.25(재)

(초=1915.12.10)

『대담강유실기大膽姜維實記』
박건회, 대창서원外(발매),
1922.3.5

오래된 근대, 딱지본의 책그림

『대동강大同江』
노익형, 박문서관外, 1927.11.5

『대성용문전大成龍門傳』
삼문사, 1932.10.25

오래된 근대, 딱지본의 책그림

『대월서상기待月西廂記』

박건회, 박문서관, 1923.11.10(四)

(초=1913.12.1)

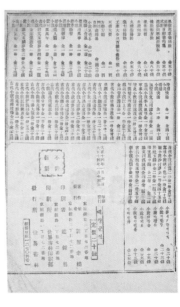

『대장군전大將軍傳』
신원행퇴新原幸槌, 세계서림,
1925.1.13

오래된 근대, 딱지본의 책그림

『쾌활대포성快活大砲聲』

김동진, 덕흥서림, 1935.12.31(재)

(초=1926.12.30)

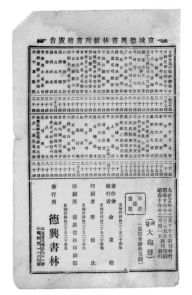

『도승사명당道僧四溟堂』

고유상, 회동서관, 1928.12.25

오래된 근대, 딱지본의 책그림

『도원수권율都元帥權慄
-임진병란壬辰兵亂』

김동진, 덕흥서림, 1930.9.20

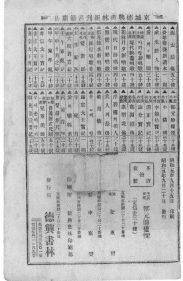

『도화원桃花園』
최찬식, 유일서관, 1918.4.10(재)
(초=1916.8.30)

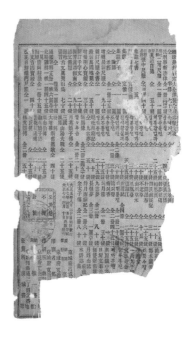

『독불장군』

조재선趙在善, 화광서림,
1932.2.3(三)(초=1928.1.21)

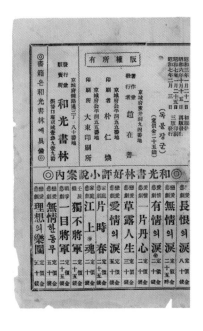

『동각한매東閣寒梅』
현공렴, 현공렴가, 1912.2.18(재)
(초=1911.9.26)

『동정同情의 루淚』

강의영, 영창서관,
1925.12.28(재)(초=1925.8.30)

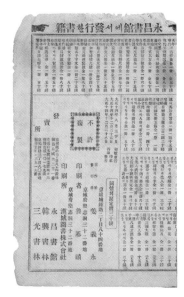

관재 이도영 표지화

『두견성』

선우일, 보급서관, 1912.9.20

화성 이승찰 표지화

『두견성』

선우일, 박문서관, 1912.9.20

『두껍전』
노익형, 박문서관,
1926.12.24(재)(초=1925.11.10)

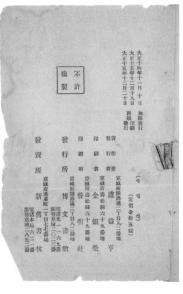

오래된 근대, 딱지본의 책그림

『마상루馬上淚』
민준호, 동양서원, 1914.2.10(재)
(초=1912.9.5)

『마상루馬上淚』
강범형, 삼광서림,
1926.12.15(재)(초=1925.12.20)

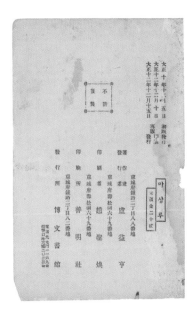

『마상루馬上淚』
노익형, 박문서관,
1923.12.15(재)(초=1921.12.5)

『마적馬賊과 미인美人』

노익환, 박문서관, 1931.12.14

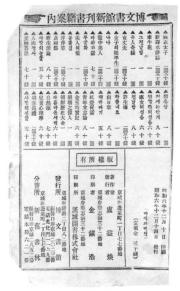

딱지본의 책표지 _ 소설

135

『만고기담萬古奇談』
조시한趙時漢(편술), 광명서관,
1925.2.15(三)

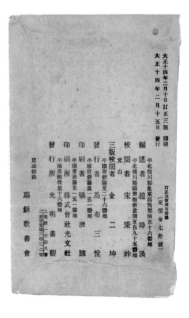

오래된 근대, 딱지본의 책그림

『만월대滿月臺』

노익형, 박문서관, 1924.4.8

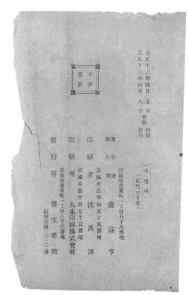

『만인산萬人傘』
민준호, 동양서원, 1912.1.20

『만주滿洲의 꽃』

김정표金定杓, 세창서관外,
1933.12.19

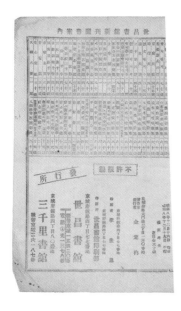

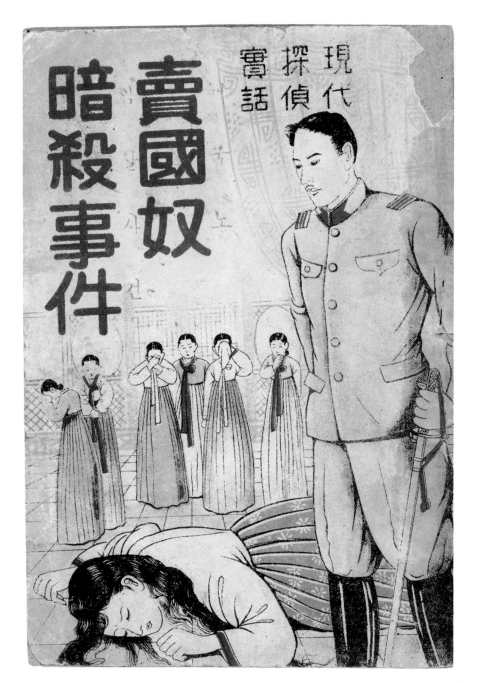

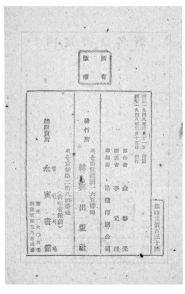

『매국노암살사건賣國奴暗殺事件』
김춘광金春光, 한흥출판사, 1948.3.15

오래된 근대, 딱지본의 책그림

『매화梅花의 홍루紅淚』

조준경書俊卿, 보성서관

(간행일자 미상)

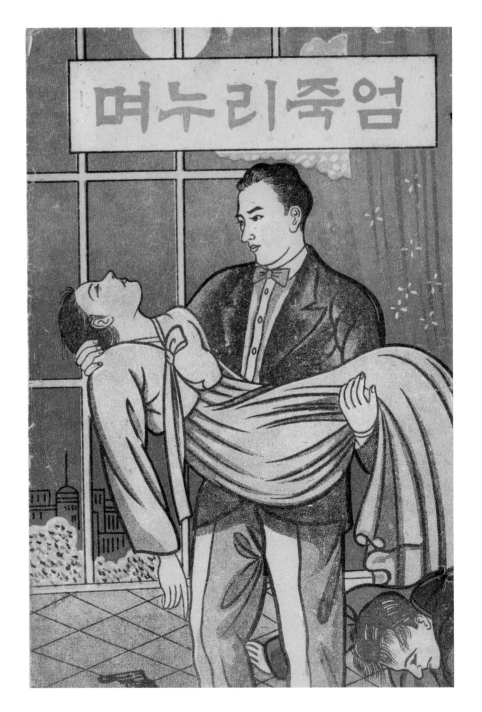

『며느리 죽음』
이종수李宗壽, 성문당서점,
1947.11.5

『명사십리明沙十里』

고유상, 회동서관, 1925.11.10

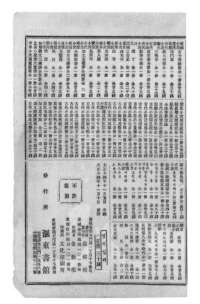

『명사십리明沙十里』

김동진, 덕흥서림, 1925.11.30

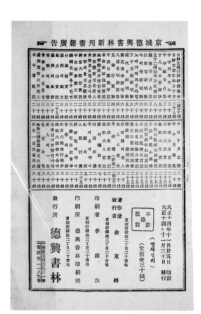

『명월정明月亭』

홍순필, 조선도서(주),
1926.10.28(四)(초=1912.7.30)

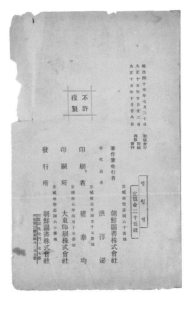

『모란병』

이해조, 박문서관, 1918.1.26(四)

(초=1911.4.15)

『모란병』

이해조, 박문서관, 1912.5.10(三)

(초=1911.4.15)

『모란봉牡丹峰』
이인직, 동양서원, 1912.11.10

오래된 근대, 딱지본의 책그림

『모란봉牡丹峰』
이종수, 성문당서점, 1936.10.10

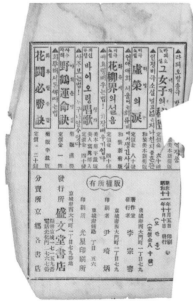

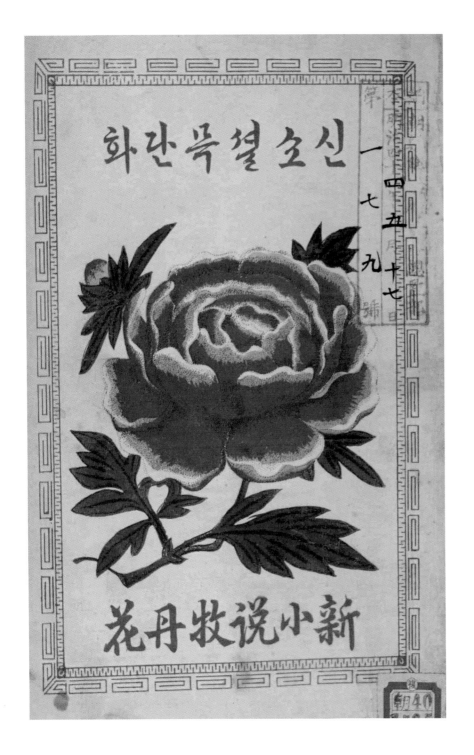

『모란화牧丹花』
김교제, 광학서포, 1911.5.17

오래된 근대, 딱지본의 책그림

『몽결초한송夢決楚漢訟』

지송욱, 박문서관, 1925.11.30

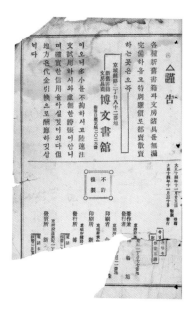

『몽결초한송夢決楚漢訟』

강의영, 영창서관外,

1925.12.25

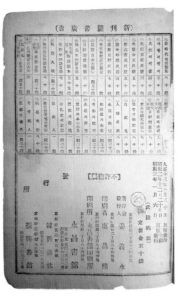

『무릉도원武陵桃源』
강의영, 영창서관外,
1928.1.6(재)(초=1924.10.30)

『무정세월無情歲月』

유운경柳雲卿, 태화서관,
1933.12.10(五)(초=1926.9.15)

『무정無情한 기적성汽笛聲』
이조승李祖承, 태화서관,
1948.1.15(三)(초=1935.1.30)

『무정無情한 방초芳草』

판권지 없음(태화서관)

(서지사항 미상)

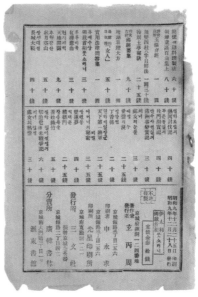

『뭇소리니』

현병주玄丙周, 삼문사,
1934.12.28

『미인계美人計』

김동진, 덕흥서림,
1920.10.30(재)(초=1919.11.18)

오래된 근대, 딱지본의 책그림

『미인美人의 일생一生』
송헌석宋憲奭, 덕흥서림,
1936.12.15(재)(초=1935.12.5)

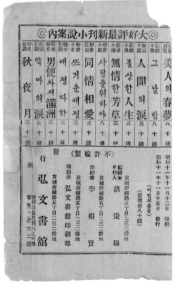

『미인美人의 춘몽春夢』
홍병석洪秉錫, 홍문서관,
1936.11.15

오래된 근대, 딱지본의 책그림

『박명화薄命花』
노익형, 박문서관,
1928.12.15(四)(초=1921.9.1)

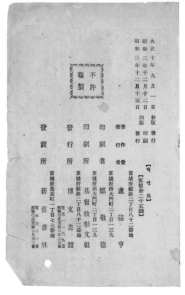

『박문수전朴文秀傳』

현병주, 박문서관,
1921.12.31(재)(초=1919.2.12)

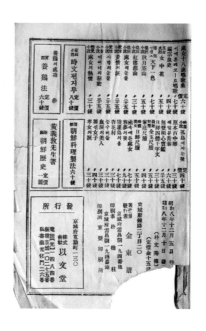

『박문수전朴文秀傳』

김동진, 이문당, 1933.12.10

오래된 근대, 딱지본의 책그림

『박씨전朴氏傳』
신태삼, 홍문서관, 1934.12.20

관재 이도영 표지화

『**박연폭포**朴淵瀑布』

이상춘李常春, 유일서관, 1913.2.7

오래된 근대, 딱지본의 책그림

『박태보실기|朴泰輔實記』

김동진, 덕흥서림, 1917.12.10(재)
(초=1916.11.30)

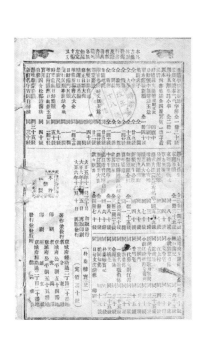

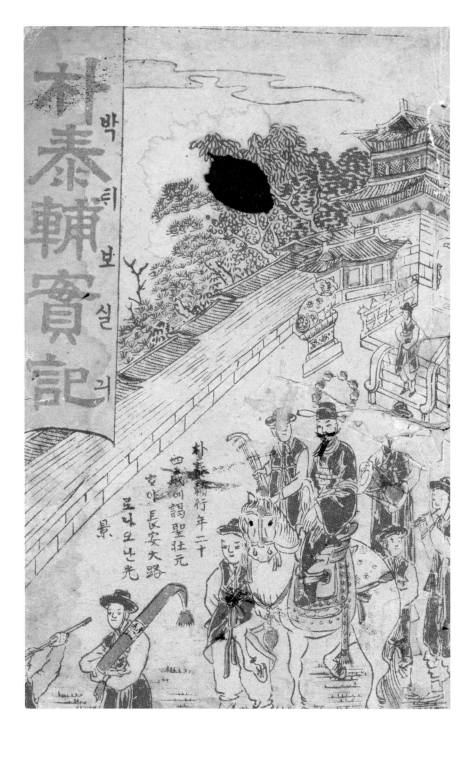

『방화수류정訪花隨柳亭』
김원길金元吉, 박문서관,
1923.12.20(三)(초=1920.12.31)

『방화수류정訪花隨柳亭』
(서지사항 미상)

『방화수류정訪花隨柳亭』
(서지사항 미상)

오래된 근대, 딱지본의 책그림

『백학선白鶴扇』

박건회, 신구서림, 1919.1.30(재)

(초=1915.9.25)

『버스걸의 연애戀愛』

조준경, 보성서관, 1937.12.25

『번리화정서전樊梨花征西傳』
노익환, 신구서림, 1931.10.20

오래된 근대, 딱지본의 책그림

『범수范雎와 채택蔡澤
－웅변대가雄辯大家』
현병주, 이문당, 1918.2.9

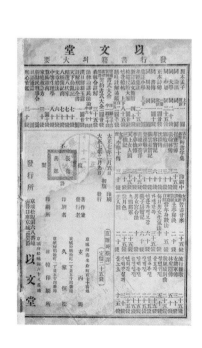

『별주부전鼈注簿傳』

지송욱, 신구서림, 1915.1.25(초
=1913.9.25)

오래된 근대, 딱지본의 책그림

『병자임진록丙子壬辰錄』
이종수, 성문당서점,
1934.11.25

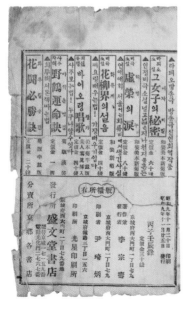

『보심록報心錄』
강의영, 영창서관, 1925.11.16

오래된 근대, 딱지본의 책그림

『봄을 맞는 처녀處女』

온금섭溫金燮, 홍문서관,
1937.9.10

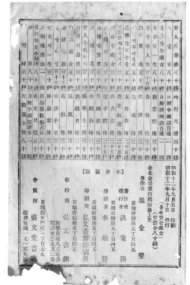

『봉선화鳳仙花』(上卷)
이해조, 신구서림
(간행일자 미상)

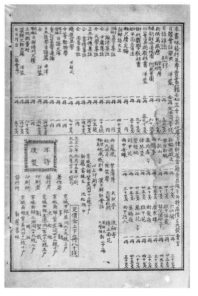

『봉선화鳳仙花』(下卷)
이해조, 신구서림, 1913.9.20

『봉황금鳳凰琴』

이용한李容漢, 동미서시,
1915.6.5

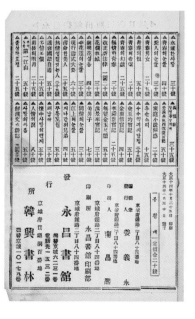

『봉황대鳳凰臺』
강의영, 영창서관外,
1925.10.30

오래된 근대, 딱지본의 책그림

벽허碧虛 표지화

『**부벽루浮碧樓**』

김용준, 보급서관, 1914.1.20

『부설거사浮雪居士』
김적음金寂音, 중앙인서관,
1935.5.28(재)(초=1932.12.15)

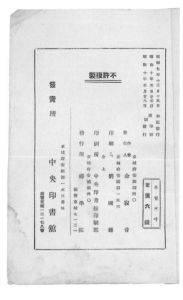

오래된 근대, 딱지본의 책그림

『부용담芙蓉潭』
고유상, 회동서관, 1920.3.30

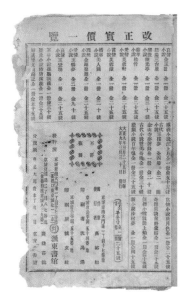

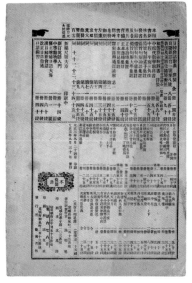

『부용芙蓉의 상사곡相思曲』

지송욱, 신구서림,
1921.12.20(四)(초=1914.9.30)

『부인관찰사夫人觀察使』

광문서시 (간행일자 미상)

『송도말년松都末年 불가살이전不可殺爾傳』
현병주玄丙周, 문우관서회, 1927.1.8(五)
(초=1921.11.22)

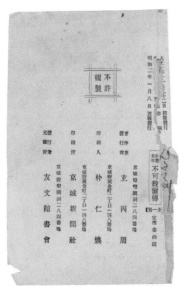

『송도말년松都末年 **불가살이전**不可殺爾傳』
김혁제, 명문당, 1946.1.15

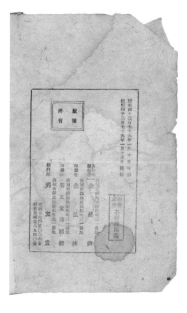

오래된 근대, 딱지본의 책그림

『불 붙는 복수復讐』

조준경, 보성서관, 1938.1.30

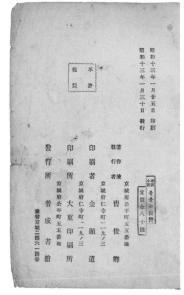

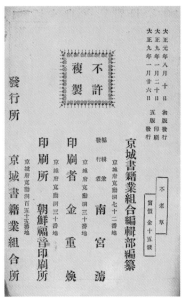

『불로초不老草』
남궁준, 경성서적업조합소,
1920.1.26(五)(초=1912.8.10)

『불로초不老草』

김동진, 덕흥서림, 1925.11.30

『불여귀不如歸』(상편)
조중환(역술), 경성사서점(동경),
1912.8.20

오래된 근대, 딱지본의 책그림

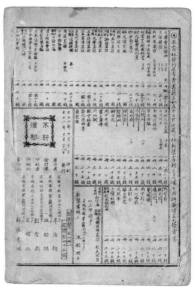

『비행남졍긔』
김재의金在義(저작겸발행),
1920.1.15

오래된 근대, 딱지본의 책그림

『비행여사飛行女史』
안경호安景護, 조선도서(주), 1926

『비행전쟁飛行戰爭』
김동진, 덕흥서림,
1935.11.15(재)(초=1934.10.5)

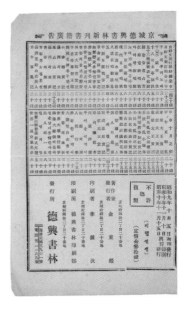

오래된 근대, 딱지본의 책그림

『빈상설鬢上雪』

이해조李海朝, 광학서포(발매소),
1908.7.5

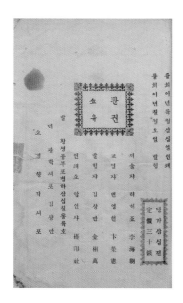

『빈상설鬢上雪』
민준호, 동양서원, 1911.9.30(재)
(초=1908.7.5)

오래된 근대, 딱지본의 책그림

『死냐生이냐』

고도孤島, 대성서림,
1928.3.28(三)(초=1924.12.16)

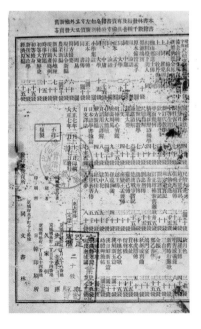

『사대장전史大將傳』
박승엽朴承曄, 동문서림,
1918.2.27

오래된 근대, 딱지본의 책그림

『사랑의 각성』(一名 : 신新 노라)

양백화梁白華, 영창서관, 1923.3.5

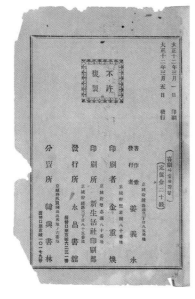

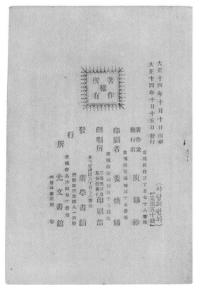

『사랑의 번뇌煩惱』
유석조庾錫祚, 광학서포外,
1925.10.15

『사랑의 천국天國』

김기용金起用, 한성서림,
1946.1.27

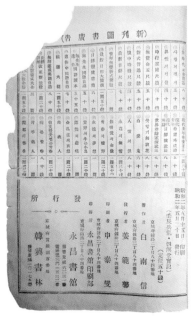

『임진병란 사명당실기四溟堂實記』
백남신白南信(獨步謹), 영창서관외,
1927.5.20

오래된 근대, 딱지본의 책그림

『사씨남정기謝氏南征記』

신태삼, 세창서관, 1934.12.20

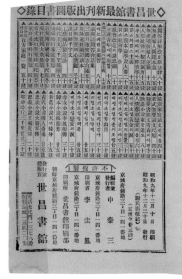

난파蘭坡 표지화

『산천초목山川草木』

남궁준, 유일서관, 1912.1.20

오래된 근대, 딱지본의 책그림

『삼각산三角山』
이종정, 광동서국, 1912.9.10

『삼국대전三國大戰』
강의영, 영창서관,
1922.11.25(五)(초=1918.1.30)

오래된 근대, 딱지본의 책그림

『제일기서 **삼국지**三國志』
(전집 4, 후집 4)

고유상, 박문서관外,
1917.11.30

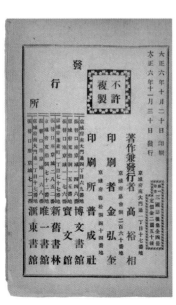

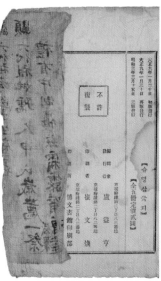

『수정 **삼국지**三國誌』
노익형, 박문서관,
1928.3.15(三)(초=1920.1.30)

『원문교정언문 **삼국지**三國誌』
강의영, 영창서관, 1928.12.15

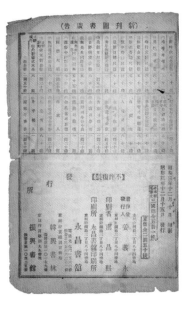

오래된 근대, 딱지본의 책그림

『무쌍언문 삼국지三國誌』
박건회, 회동서관,
1924.11.25(三)(초=1920.2.20)

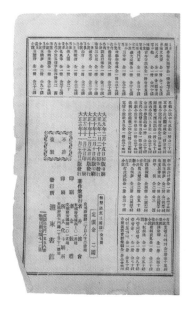

『삼문규합록』
지송욱, 신구서림外, 1918.5.30

『삼생기연三生奇緣』
남궁설, 대창서원外, 1922.1.15

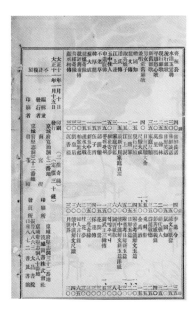

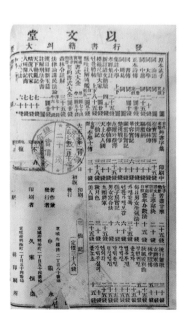

『삼선기三仙記』
신귀영申龜永(저작겸발행), 이문당,
1918.2.12

오래된 근대, 딱지본의 책그림

『삼설기三說記』
최창선, 신문관, 1913.3.18

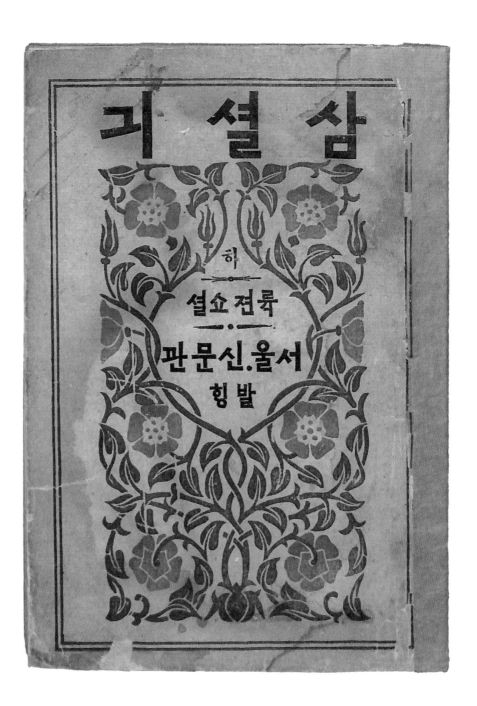

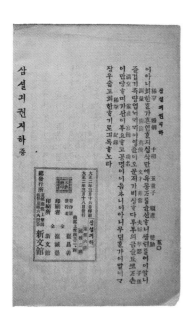

『삼성기三聖記』
이학재李學宰, 보급서관,
1922.1.4(재)(초=1918.10.29)

오래된 근대, 딱지본의 책그림

『삼쾌정三快亭』

이용한, 동미서시, 1915.7.2

『삼쾌정三快亭』

회동서관, 1925.9.30(五)

(초=1919.6.7)

『상야공원上野公園』
노익형, 박문서관, 1936.10.30

『생육신전生六臣傳』
현병주, 신구서림外,
1929.11.30

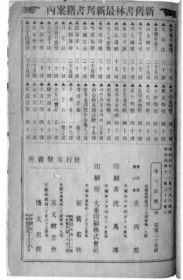

『서동지전鼠同知傳』
노익환, 박문서관, 1925.12.20

『서산대사西山大師』

왕세창王世昌, 세계서림,
1927.12.10

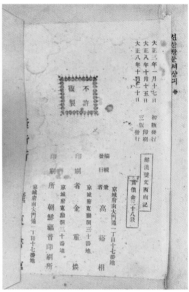

『서상기西廂記』

고유상, 회동서관,
1919.10.20(三)(초=1914.1.17)

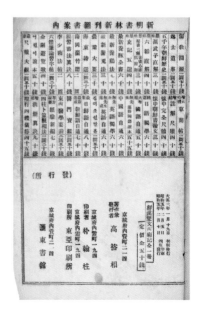

『서상기西廂記』

고유상, 회동서관外,
1930.2.10(四)(초=1914.1.19)

오래된 근대, 딱지본의 책그림

『서상기西廂記』

고유상, 회동서관,
1930.2.10(五)(초=1914.1.19)

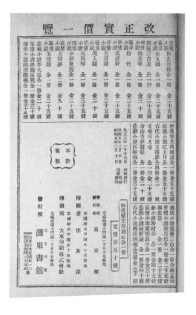

『원문 서상기西廂記』

강의영, 영창서관外, 1935.3.15

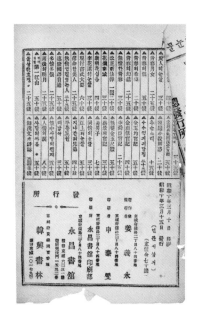

『서시전西施傳』
김송규金松圭, 광한서림,
1929.12.25

오래된 근대, 딱지본의 책그림

『언한문 서유기西遊記』
박건회, 조선서관, 1913.9.20

『언한문 서유기西遊記』
박건회, 조선서관, 1914.5.25

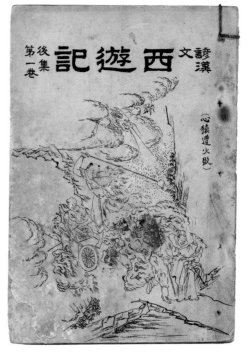

『언문 서유기西遊記』
박건회, 박문서관外,
1921.11.5(재)(초=1913.7.7)

오래된 근대, 딱지본의 책그림

『서정기西征記』

노익환, 신구서림, 1923.12.23

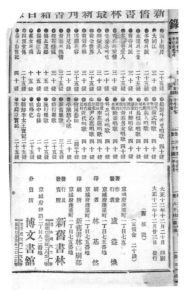

『서정기西征記』

안경호安景濩, 신구서림,
1923.12.23

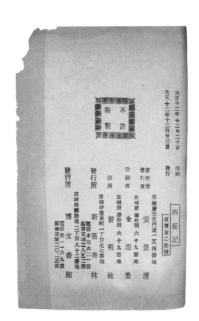

『서태후전西太后傳』
김동진, 덕흥서림, 1936.10.15

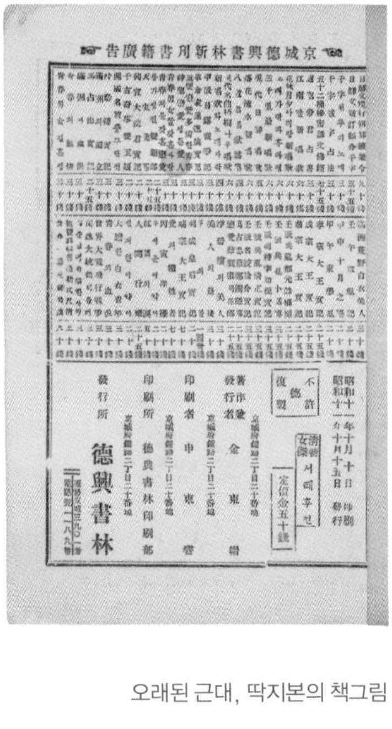

京城德興書林新刊書籍廣告

昭和十一年十月十日 印刷
昭和十一年十月十五日 發行

不許複製 德

清朝女傑 서태후전

定價金五十錢

著作兼發行者 金東縉
京城府鍾路二丁目二十番地

印刷者 申東壽
京城府鍾路二丁目二十番地

印刷所 德興書林印刷部
京城府鍾路二丁目二十番地

發行所 德興書林

학전學田 표지화

『서해풍파西海風波』

이상춘李常春, 유일서관, 1914.1.20

『선죽교善竹橋』(一名 : 정포은전鄭圃隱傳)
고병교, 회동서관, 1930.10.25

오래된 근대, 딱지본의 책그림

『설움의 사정』
백남신白南信, 대성서림,
1927.4.28

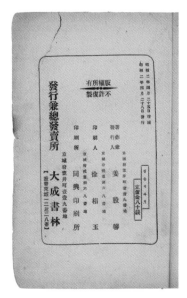

『설인귀전薛仁貴傳』(上編)
박건회, 동미서시, 1915.5.20

오래된 근대, 딱지본의 책그림

『설인귀전薛仁貴傳』(上下合編)

노익형, 박문서관, 1926.12.20

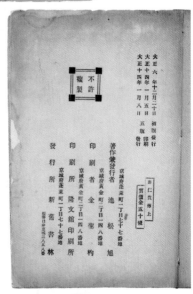

『설인귀전薛仁貴傳』(上下合編)

지송욱, 신구서림, 1925.1.8(五)(초
=1917.12.20)

『설인귀전薛仁貴傳』(下編)

지송욱, 신구서림, 1923.12.25(四)
(초=1917.12.20)

오래된 근대, 딱지본의 책그림

『설정산실기薛丁山實記』
노익형, 신구서림, 1929.12.25

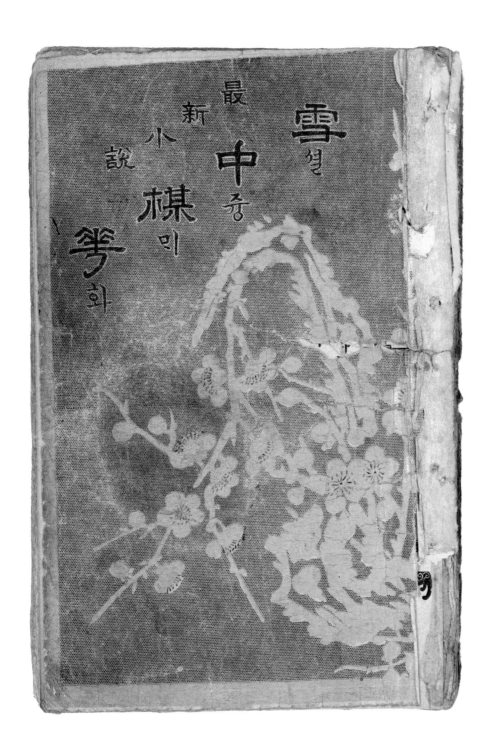

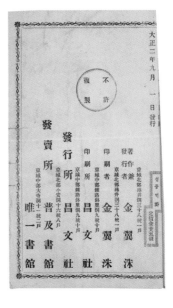

『설중매화雪中梅花』
김익수金翼洙, 창문사, 1913.9.1

오래된 근대, 딱지본의 책그림

『설중송雪中松』

고유상, 회동서관,
1926.11.20(三)(초=1920.3.30)

오래된 근대, 딱지본의 책그림

『섬동지전蟾同知傳』(一名 : 두껍전)
김동진, 덕흥서림, 1916.1.28(三)(초
=1914.10.28)

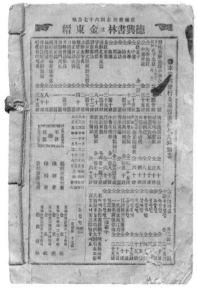

『섬색씨』
김춘광, 경향출판사, 1947.8.20

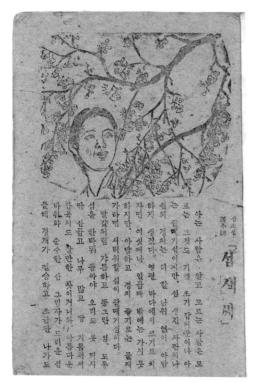

오래된 근대, 딱지본의 책그림

관재 이도영 표지화

『성산명경聖山明鏡』

최병헌, 동양서원, 1911.8.3

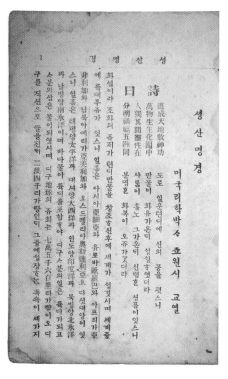

성 산 명 경

성산명경

미국리학박수 쵸원시 교열

詩 曰

道成天地散神功
萬物生生囿其中
人爲其間靈性在
分明編扁五洲同

화셜이라 조화의 쥬지가 텬디만물을 창조홀신후에 세비가 셩것시며 열흠은 아시아 亞細亞와 유로바歐羅巴와 아프리가阿非利加와 남북아메리가亞美利加와 오스드렐리아興斯達利亞 잇 스니 일흠은 태평양太平洋과 대셔양大西洋과 인도양印度洋과 북빙양北氷洋과 남빙양南氷洋이며 바다물이 둘디 구슐 디구地球의 유표의 쥬회는 七萬五千六百里가량이오 디구 스분의 일은 륙디가 되고 사분의 삼은 물이되엿시며 구를 직션으로 둘을진디 二萬四千리가량인디 그둥에셩장호는 죡속이 세가지

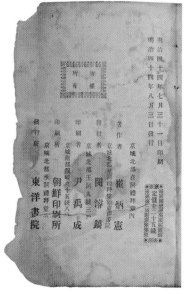

所有權

明治四十四年七月三十一日印刷
明治四十四年八月三日發行

定價金二十五錢

著作者 京城北部貞洞鐘井畓內
　　　　崔炳憲
發行者 京城北部...
　　　　閔濬鎬
印刷者 京城龍山鼎三里...
　　　　尹禹成
印刷所 京城南部銅峴北十五統八戶
　　　　朝鮮印刷所
發行所 京城北部鐘井禮拜堂內
　　　　東洋書院

『성삼문成三問』
고유상, 회동서관, 1928.11.15

오래된 근대, 딱지본의 책그림

『세검정洗劍亭』

지송욱(저작겸발행), 박문서관,
1925.11.30(재)(초=1913.12.13)

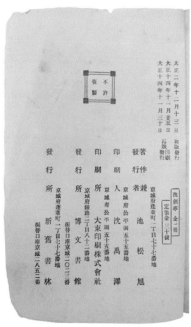

『세상世上의 죄罪』
이종수(저작겸발행), 성문당서점,
1932.11.25

오래된 근대, 딱지본의 책그림

『소달기전蘇妲己傳』
이종정, 광동서국, 1917.10.30

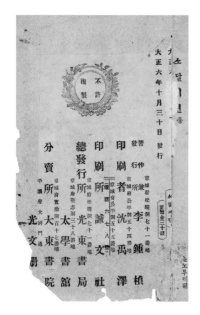

『소대성전蘇大成傳』
한인석韓仁錫, 광문책사廣文册肆(평양),
1914.11.19

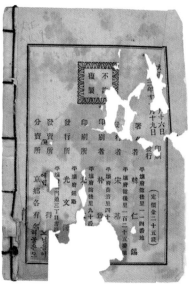

오래된 근대, 딱지본의 책그림

『소상강瀟湘江』
남궁준南宮濬(저작겸발행),
유일서관, 1912.10.20

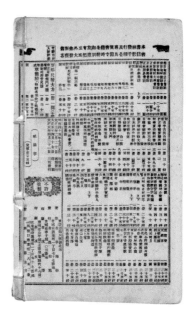

벽고碧皐 표지화

『소양정昭陽亭』

이해조, 신구서림, 1916.4.21(三)
(초=1912.7.20)

오래된 근대, 딱지본의 책그림

『소진장의전蘇秦張儀傳』
이종정, 광동서국, 1918.5.25

『소학령巢鶴嶺』
이해조, 신구서림, 1913.9.5

만헌晩軒 표지화

『송뢰금松籟琴』

육정수陸定洙, 박문서관,
1908.10.25

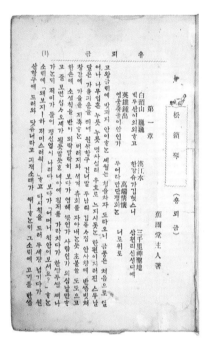

『송죽松竹』
김영한金榮漢, 회동서관,
1925.11.25(六)(초=1914.1.10)

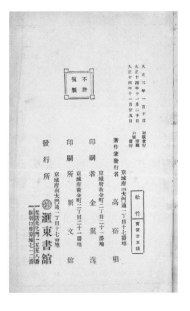

오래된 근대, 딱지본의 책그림

『**수양제행락기**隋煬帝行樂記』

박건회, 신구서림, 1918.4.10

『수양제행락기隋煬帝行樂記』(下)
박건회, 신구서림, 1918.4.10

『**수일롱**水溢瀧』

김연규金然圭, 동아서관,
1916.1.15

『선한문 **수호지**|水滸誌』
강의영, 영창서관, 1929.10.20

오래된 근대, 딱지본의 책그림

『선한문 **수호지**水滸誌』
삽화

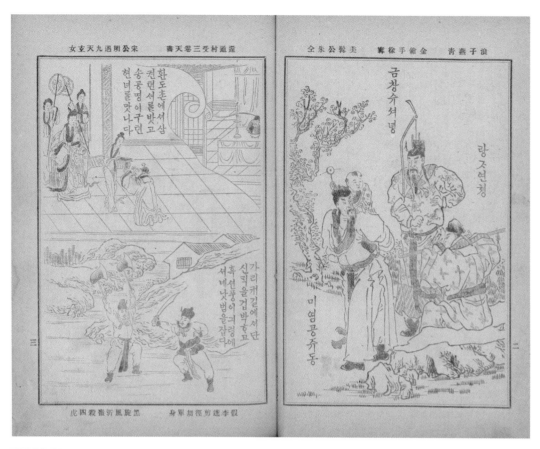

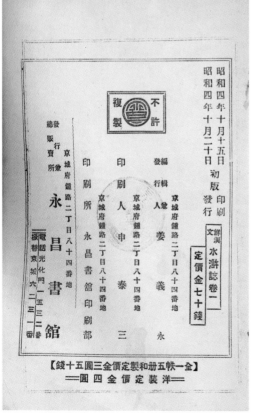

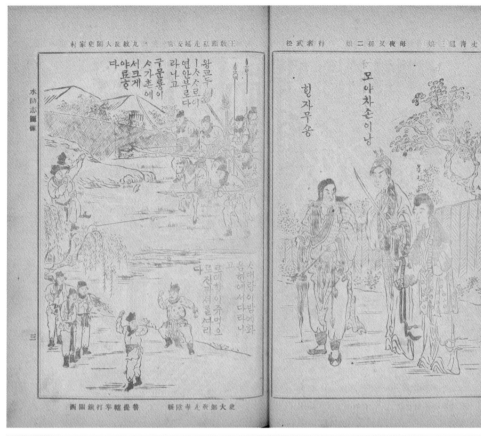

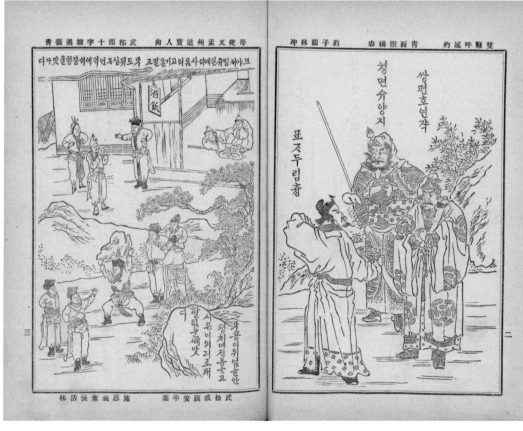

『충의 수호지水滸誌』(前集 1,2,3)

(서지사항 미상)

『숙녀회생전淑女回生傳』
고경상, 삼문사外, 1935.11.10

『숙영낭자전淑英娘子傳』

고유상, 회동서관, 1925.12.25

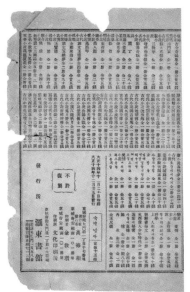

『숙영낭자전淑英娘子傳』

강은형, 대성서림, 1928.10.23

『숙영낭자전淑英娘子傳』

김용주金容周, 춘양사서점,

1936.12.10

『숙영낭자전淑英娘子傳』

강봉회姜鳳會, 백합사,

1937.12.30

『**숙종대왕실기**肅宗大王實記』

김동진, 덕흥서림

(간행일자 미상)

『숙향전淑香傳』
강의영, 영창서관外,
1925.10.20

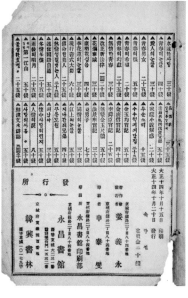

오래된 근대, 딱지본의 책그림

『술은 눈물인가 한숨이런가』
김정표金定杓, 춘앙사, 1934.12.5

『승방미인僧房美人』
고병교, 신명서림外,
1936.10.30

오래된 근대, 딱지본의 책그림

『신랑의 보쌈』

박건회, 광익서관, 1917.10.15

『신숙주부인전申叔舟夫人傳』
고병교, 회동서관외,
1937.6.15(재)(초=1930.12.25)

『신월루新月淚』

온성영溫星影, 세창서관,
1935.11.15

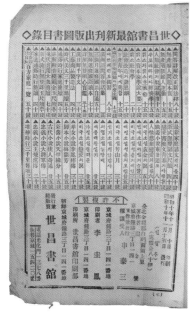

『신유복전申遺腹傳』
신태삼, 세창서관, 1936.10.30

오래된 근대, 딱지본의 책그림

『신출귀몰』

황갑수黃甲秀, 광학서포外(발매소),
1912.6.15

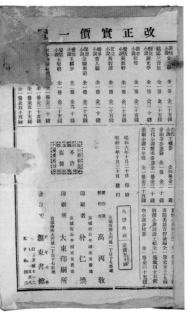

『실연失戀의 루淚』
고병교, 회동서관, 1931.10.30

『심부손부인전沈富孫夫人傳』
신태삼, 세창서관, 1937.12.25

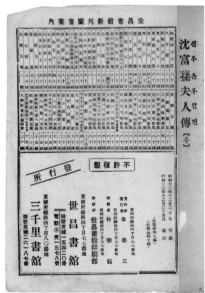

『심청전沈淸傳』
홍순모, 광동서국外,
1920.1.20(九)(초=1915.3.15)

오래된 근대, 딱지본의 책그림

『심청전沈淸傳』삽화

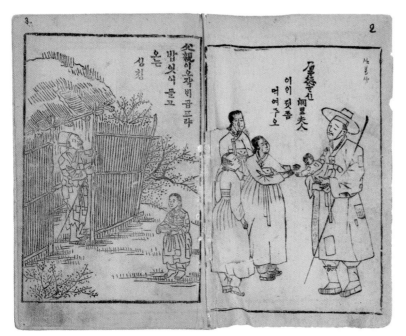

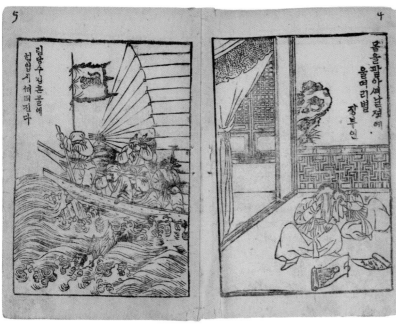

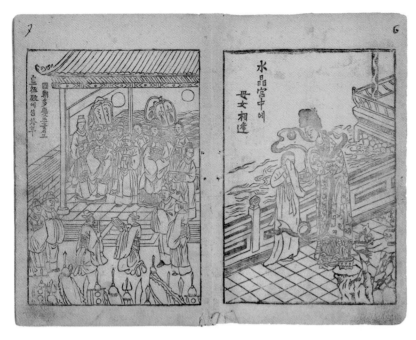

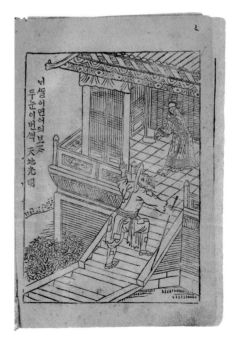

『심청전沈淸傳』삽화

오래된 근대, 딱지본의 책그림

『심청전沈淸傳』

이종수, 남창서관, 1936.10.10

『심청전沈淸傳』

광한서림 (간행일자 미상)

『심청전』
최창선, 신문관, 1913.9.5

『십생구사十生九死』

강은형, 대성서림,

1928.11.10(四)(초=1923.1.23)

『십생구사十生九死』

강하형, 대성서림,

1930.10.10(六)(초=1923.1.23)

관재 이도영 표지화
『**십오소호걸**十五少豪傑』
민준호(역술譯述), 동양서원,
1912.2.5

『쌍련몽雙蓮夢』
백두용, 삼문사, 1922.2.28

『쌍련몽雙蓮夢』
백두용, 한남서림,
1926.1.25(재)(초=1922.2.28)

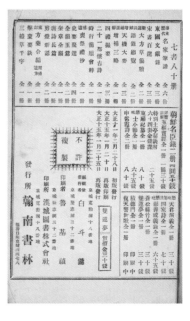

오래된 근대, 딱지본의 책그림

『쌍옥루雙玉淚』(上,下篇)
조중환, 보급서관, 1913.1.20(상) /
1913.7.15(하)

관재 이도영 표지화
『쌍옥루雙玉淚』(中編)
김용준, 보급서관, 1914.8.20(재)
(초=1913.6.20)

오래된 근대, 딱지본의 책그림

관재 이도영 표지화

『**쌍옥루雙玉淚**』(下編)

김용준, 보급서관, 1914.8.20(재)

(초=1913.6.20)

관재 이도영 표지화
『쌍옥루雙玉淚』(中編)
김용준, 박문서관, 1922.9.5(三)
(초=1913.6.20)

오래된 근대, 딱지본의 책그림

관재 이도영 표지화

『쌍옥루雙玉淚』(上編)

김용준, 박문서관, 1922.9.5(三)

(초=1913.6.20)

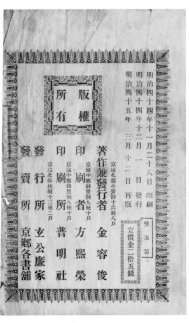

관재 이도영 표지화

『쌍옥적雙玉笛』

이해조, 현공렴가, 1912.3.12(재)

(초=1911.11.28)

오래된 근대, 딱지본의 책그림

『쌍옥적雙玉篴』
이해조, 오거서창, 1918.4.1(재)

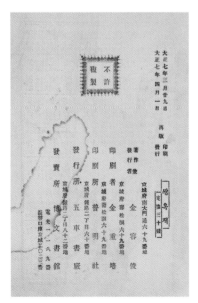

『아내의 설움』

김상화金尚火, 성문당서점,
1938.4.25

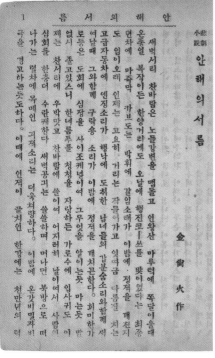

『아버지 - 부父』

이원규李元珪, 태화서관,
1933.12.15

『아버지 찾는 칼』
(一名 : 야담 동명왕편)
이종수, 성문당서점, 1935.11.5

『안雁의 성聲』

최찬식, 박문서관, 1915.4.5

『안雁의 성聲』

최찬식, 박문서관,
1938.10.30(초=1915.4.5)

『암야暗夜의 총소리』

이원규, 대성서림,

1934.10(후기 작성일자)

『애욕지옥愛慾地獄』

고경상, 덕흥서림, 1935.11.10

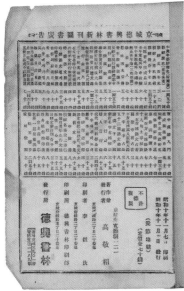

『애원성哀怨聲』
이진원李震遠, 박문서관,
1922.2.28(재)(초=1921.10.5)

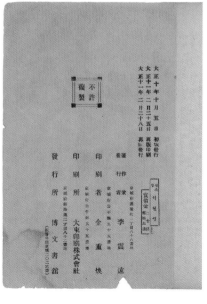

『애정愛情의 루淚』

강범형, 삼광서림, 1930.12.5

『야광주夜光珠』
강은형, 대성서림,
1929.12.20(三)(초=1926.8.8)

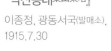

『약산동대藥山東坮』

이종정, 광동서국(발매소),

1915.7.30

『양귀비楊貴妃』
현병주, 광문사, 1922.9.1

오래된 근대, 딱지본의 책그림

『양귀비楊貴妃』

현병주, 광문사, 1924.12.30(재)

『양산백전梁山伯傳』
남궁설, 한성서관,
1920.1.20(四)(초=1915.3.15)

『양산백전梁山伯傳』
지송욱, 신구서림, 1925.11.10

『양장미인洋裝美人』
박준표, 박문서관, 1928.2.10

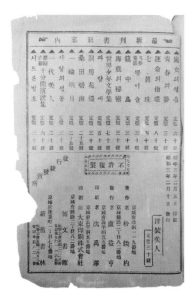

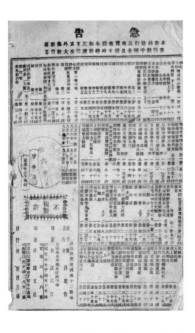

『양주봉전楊朱鳳傳』
박건회, 신구서림,
1917.11.15(三)(초=1916.4.10)

오래된 근대, 딱지본의 책그림

『양풍운전楊風雲傳』
남궁설, 한성서관
(간행일자 미상)

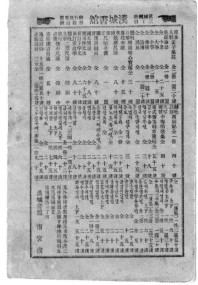

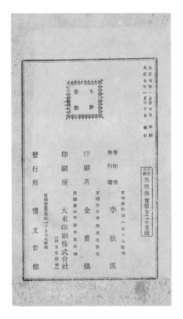

『어룡전漁龍傳』

이민한李敏漢, 박문서관,
1918.1.30

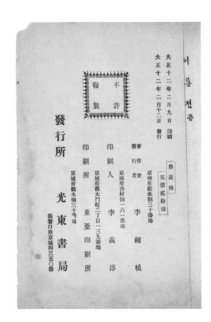

『어룡전漁龍傳』

이종정, 광동서국, 1923.2.12

오래된 근대, 딱지본의 책그림

『어룡전漁龍傳』

노익형, 박문서관외, 1925.1.10

『어룡전漁龍傳』

이종수, 성문당서점, 1936.1.8

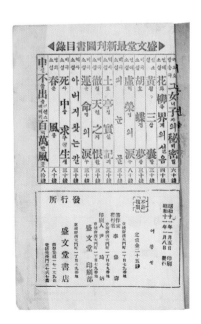

이승철李承喆 표지화

『어머니 – 모母』

강하형, 태화서관, 1933.7.15(재)
(초=1932.11.25)

오래된 근대, 딱지본의 책그림

『여자충효록女子忠孝錄』

지송욱, 한성서관外,

1920.2.10(三)(초=1914.8.5)

『여장군전女將軍傳』

강의영, 세창서관,

1916.7.29(재)(초=1915.2.17)

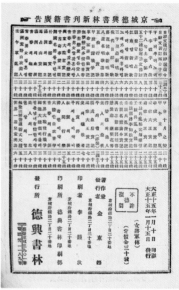

『여장군전女將軍傳』

강의영, 덕흥서림, 1926.1.15

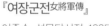

『여장군전女將軍傳』

이종수, 성문당서점, 1935.12.8

오래된 근대, 딱지본의 책그림

『여중호걸女中豪傑』
정기성鄭基誠, 광문서시,
1922.1.20

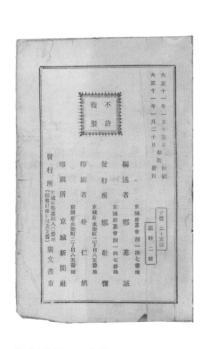

『연애戀愛의 고투苦鬪』
월파月坡, 영창서관, 1932.10.15

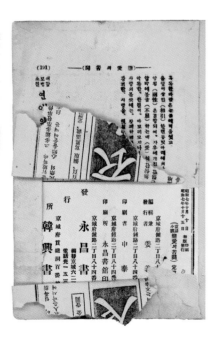

오래된 근대, 딱지본의 책그림

『연燕의 각脚』(一名：흥부가)
이해조, 광동서국, 1913.1.30

『열국지列國誌』
강은형, 대성서림, 1930.11.25

오래된 근대, 딱지본의 책그림

이승철 표지화

『열정熱情』

백남신白南信, 태화서관, 1932.12.13(七)

(초=1926.10.12)

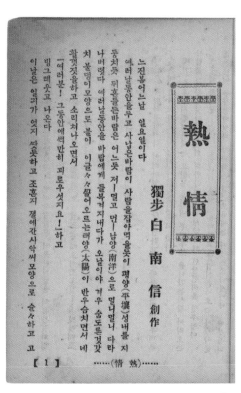

『옥단춘전玉丹春傳』
신구영申龜永, 박문서관,
1922.3.3(四)(초=1916.9.20)

오래된 근대, 딱지본의 책그림

『옥단춘전玉丹春傳』

조남희, 동양서원, 1925.9.30

『옥단춘전玉丹春傳』

(서지사항 미상)

『옥란빙玉鸞聘』

李圭瑢, 회동서관, 1918.1.1

오래된 근대, 딱지본의 책그림

『옥련기담玉蓮奇談』

송완식宋完植, 동양대학당,

1927.1.20(재)(초=1924.12.28)

『옥련당玉蓮堂』
민준호, 동양서원, 1912.8.30

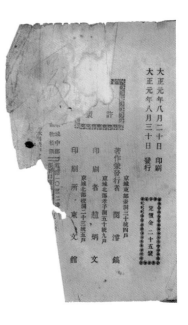

오래된 근대, 딱지본의 책그림

『신교 **옥루몽玉樓夢**』(권4)

최창선, 신문관, 1913.5.3

『**옥루몽玉樓夢**』(권4) 삽화

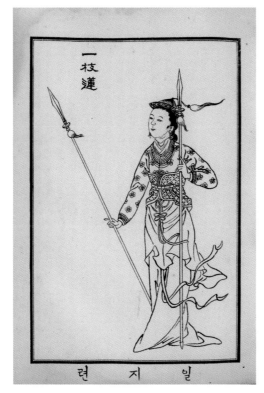

『옥루몽』(권1~4)
강의영, 영창서관外,
1925.11.10

오래된 근대, 딱지본의 책그림

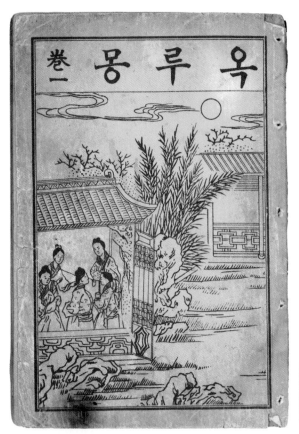

『옥루몽』(권1)

노익형, 박문서관, 1926.12.20

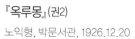

『옥루몽』(권2)

노익형, 박문서관, 1926.12.20

오래된 근대, 딱지본의 책그림

『옥루몽』(권3)

노익형, 박문서관, 1926.12.20

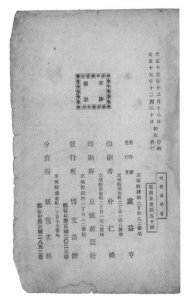

『옥루몽』(권4)

노익형, 박문서관, 1926.12.20

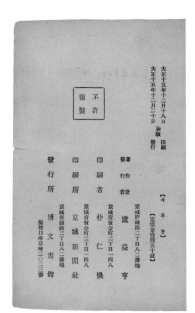

『옥루몽』(권1)

고유상, 회동서관,
1924.3.25(五)(초=1917.3.23)

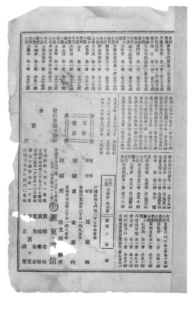

『옥린몽玉麟夢』(권2)

송기화宋基和, 송기화상점(평양),
1913.12.30

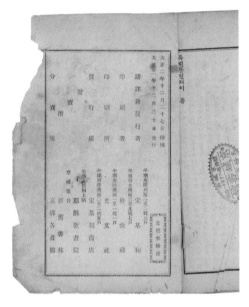

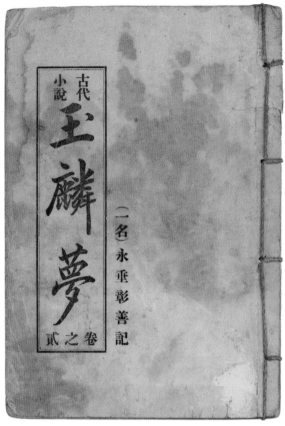

『옥린몽玉麟夢』(下)

1918 (기타 서지사항 미상)

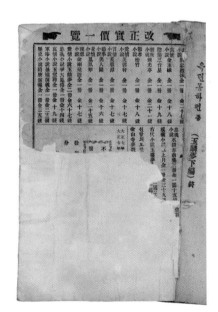

관재 이도영 표지화
『옥중가인獄中佳人』
지송욱, 박문서관, 1926.12.20

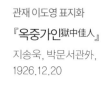

관재 이도영 표지화
『옥중가인獄中佳人』
지송욱, 박문서관外,
1926.12.20

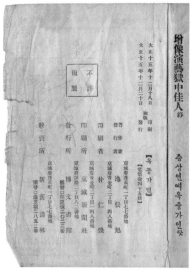

『옥중가인獄中佳人』
판권 없음

관재 이도영 표지화

『옥중화獄中花』(一名 : 춘향가)

이해조(편역), 보급서관, 1913.1.10(재)(초=1912.8.27)

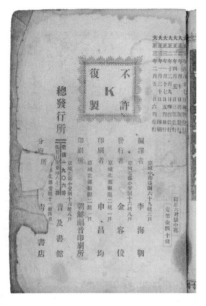

관재 이도영 표지화
『**옥중화**獄中花』(一名:춘향가)
이해조, 보급서관, 1914.2.5(六)
(초=1912.8.27)

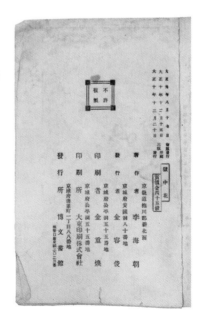

관재 이도영 표지화
『**옥중화**獄中花』(一名:춘향가)
이해조, 박문서관,
1921.12.20(三)(초=1912.8.17)

오래된 근대, 딱지본의 책그림

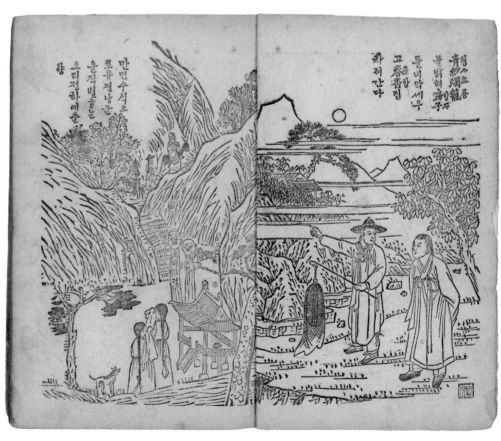

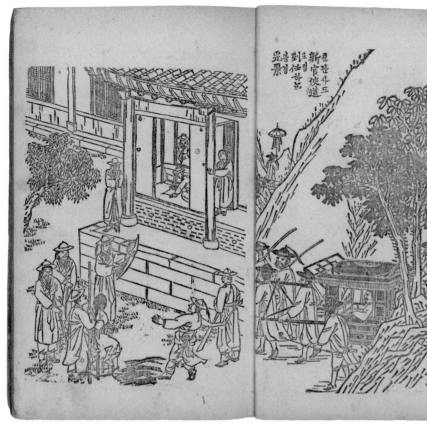

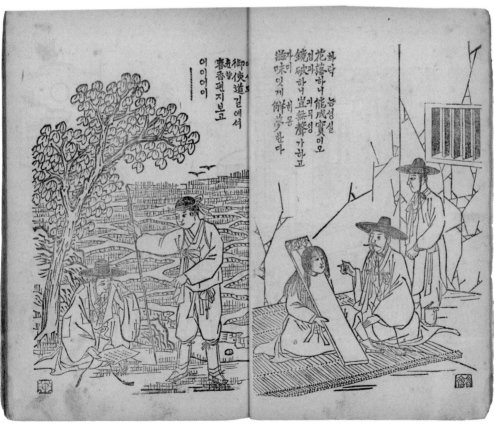

관재 이도영 삽화

『옥중화獄中花』삽화

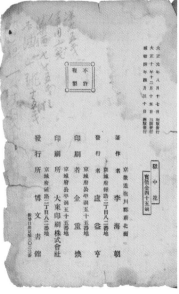

관재 이도영 표지화

『옥중화獄中花』

이해조, 박문서관, 1929.4.30(四)

(초=1912.8.17)

『옥창앵도玉窓櫻桃』

강하형, 태화서관, 1931.9.25

관재 이도영 표지화

『옥호기연玉壺奇緣』

민준호, 동양서원外(발매소), 1912.1.20

『완월루玩月樓』

남궁준, 한성서관, 1920.10.17(五)

(초=1915.3.25)

『완월루玩月樓』

최석정崔錫鼎, 신구서림,
1925.12.15

오래된 근대, 딱지본의 책그림

『왕장군전王將軍傳』

조봉희趙奉熙, 대산서림,
1926.10.25

『요지경瑤池鏡』

박영진朴英鎭, 수문서관,
1913.3.30(三)(초=1910.12.10)

『용정촌龍井村』
최찬식, 조선도서(주), 1926.11.30

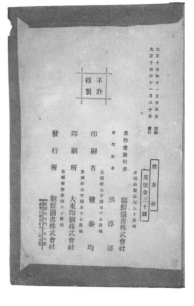

『우후명월雨後明月』

강의영, 영창서관外,
1933.11.25(재)(초=1927.9.25)

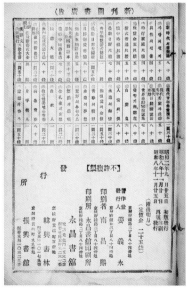

『운명運命』
박준표, 박문서관, 1924.11.30

『운명運命의 서광曙光』
조준경, 보성서관, 1938.11.15

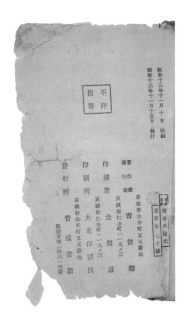

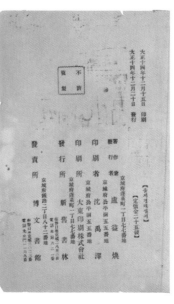

『울지경덕실기蔚遲敬德實記』
노익환盧益煥, 신구서림,
1925.12.20

오래된 근대, 딱지본의 책그림

운령雲嶺 표지화

『원앙도鴛鴦圖』

이해조, 박문서관, 1922.9.20(재)

(초=1921.7.10)

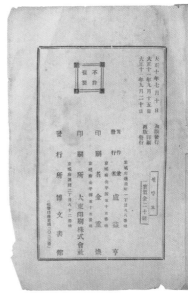

『월미도月尾島』
신구서림, 1934.10.20

『월봉기月峯記』
신구서림
(기타 서지사항 미상)

『월봉산기月峯山記』(上)

박건회, 조선서관, 1916.1.28

『월봉산기月峯山記』(下)

박건회, 조선서관, 1916.1.28

오래된 근대, 딱지본의 책그림

『월세계月世界』

현공렴, 대창서원外, 1922.1.17

『월영낭자전』
고유상, 회동서관, 1925.12.20

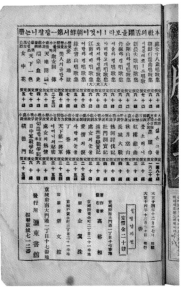

오래된 근대, 딱지본의 책그림

『월왕전越王傳』

박건회, 광동서국, 1916.2.5

관재 이도영 표지화
『월하가인月下佳人』
김용준, 보급서관, 1911.12.20

오래된 근대, 딱지본의 책그림

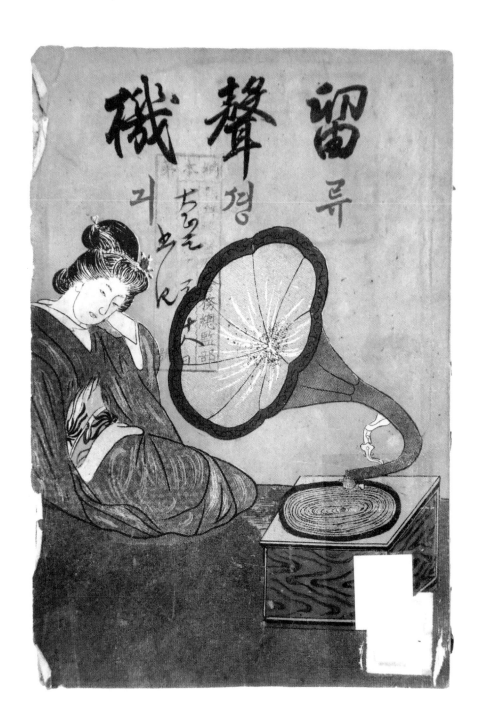

『유성기留聲機』
광학서포, 1914
(기타 서지사항 미상)

『유왕幽王의 포사전褒似傳』
박건회, 조선서관, 1917.12.25

『유정有情의 루淚』

강범형, 광한서림, 1931.1.25

(초=1926.6.15)

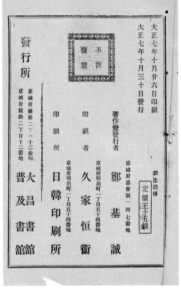

『유충렬전劉忠烈傳』
정기성, 대창서관外,
1918.10.30

『유충렬전劉忠烈傳』
노익형, 박문서관,
1925.8.30(五)(초=1913.10.1)

오래된 근대, 딱지본의 책그림

『유충렬전劉忠烈傳』

이종수, 성문당서점,
1935.11.30

『유충렬전劉忠烈傳』

강하형, 태화서관,
1946.2.28(재)(초=1928.10.18)

『유충렬전劉忠烈傳』

김기용金起用, 한성서림,
1946.1.27

『유화기몽柳花奇夢』
남궁설, 대창서원外,
1921.11.22(재)(초=1918.10.29)

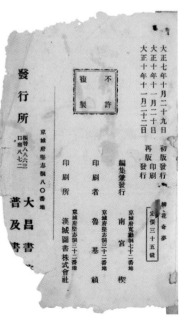

『육조대사六祖大師』
김태흡金泰洽, 중앙인서관,
1936.2.10(재)(초=1932.12.15)

『육효자전六孝子傳』

박건회, 박문서관,
1919.3.25(三)(초=1916.1.10)

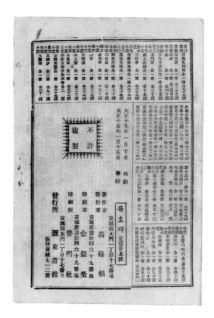

『육효자전六孝子傳』

고유상, 회동서관, 1926.1.15

　　　　　　　　　　　　　　　　오래된 근대, 딱지본의 책그림

『은하銀河의 흘으는 정열情熱』
신태삼(편집겸발행), 세창서관,
1935.11.20

『을밀대乙密臺』

이민한李敏漢, 대창서원外,
1921.11.25(재)(초=1918.2.15)

오래된 근대, 딱지본의 책그림

『이괄란급병자란李适亂及丙子亂』
고유상, 회동서관, 1923.6.20

『이대봉전李大鳳傳』
홍순필, 박문서관, 1925.10.30

『이대봉전李大鳳傳』
신태삼, 이문당, 1934.12.10

오래된 근대, 딱지본의 책그림

『이성異性의 루淚』

강범형, 화광서림, 1935.11.15

『이수일과 심순애』(上編)

조일재趙一齋, 보문관外,
1925.3.10

『이순신실기李舜臣實記』

최찬식, 박문서관, 1925.11.20

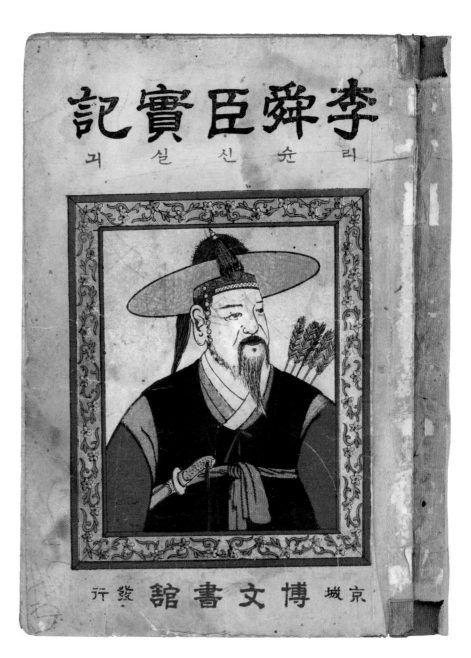

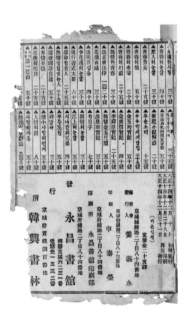

『이순신실기李舜臣實記』
강의영, 영창서관外,
1925.12.31(재)(초=1925.12.10)

오래된 근대, 딱지본의 책그림

『이십춘광二十春光』

박만희, 대성서림, 1925.12.20

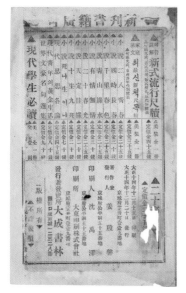

『이태왕실기李太王實記』
노익환, 신구서림, 1930.8.25

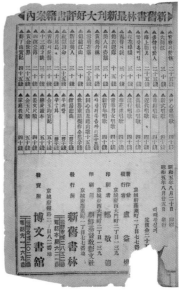

오래된 근대, 딱지본의 책그림

『이팔청춘二八青春』

강은형, 대성서림, 1925.5.3

『이팔청춘二八青春』

강은형, 대성서림, 1925.12.31(재)

『이화몽梨花夢』
지송욱, 신구서림,
1918.2.25(재)(초=1914.9.30)

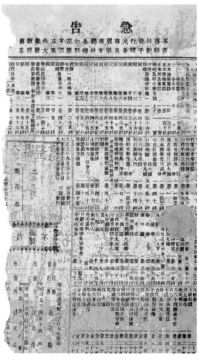

오래된 근대, 딱지본의 책그림

『인간고락人間苦樂』

노익환, 신구서림, 1931.11.15

『인간행락人間行樂』
김동진, 덕흥서림, 1933.9.15

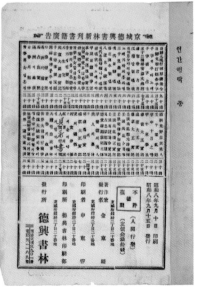

『인정人情의 루淚』

김재덕金在惪, 신명서림,
1923.7.6

『인정人情의 루淚』

김재덕, 신명서림,
1926.2.15(三)(초=1923.7.6)

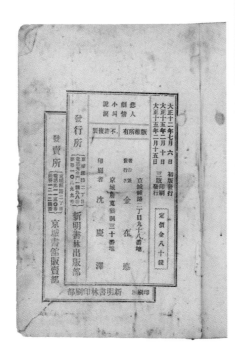

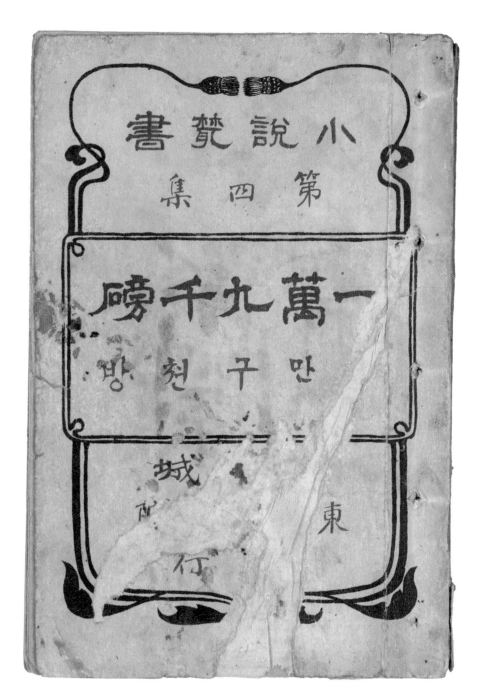

『일만구천방一萬九千磅』
김교제金敎濟, 동양서원,
1913.4.25

『일지화一枝花』

강은형, 대성서림, 1928.11.15

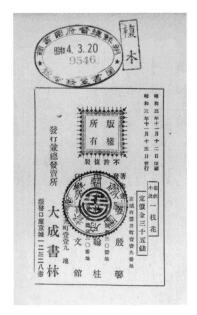

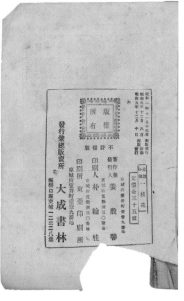

『일지화一枝花』
강은형, 대성서림, 1930.12.10(재)
(초=1928.11.15)

『임경업장군林慶業將軍』

강의영, 영창서관, 1925.10.30

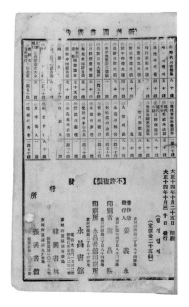

『임경업전林慶業傳』
강하형, 태화서관, 1928.10.18

오래된 근대, 딱지본의 책그림

『임진록壬辰錄』

현병주, 신구서림, 1930.10.10

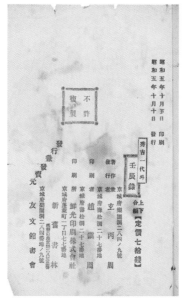

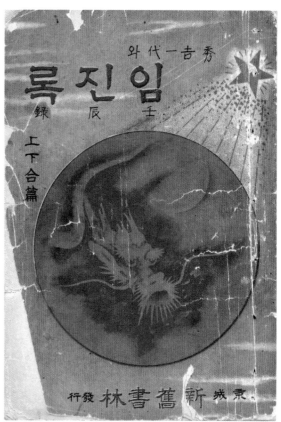

『임진록壬辰錄』

현병주, 신구서림,
1935.10.30(五)(초=1930.10)

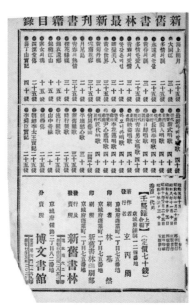

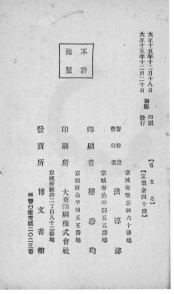

『임호은전林虎隱傳』
홍순필, 박문서관(발매원),
1926.12.20

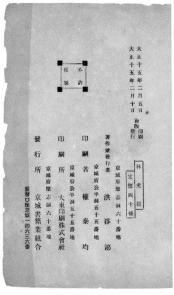

『임호은전林虎隱傳』
홍순필, 경성서적업조합,
1926.2.10

오래된 근대, 딱지본의 책그림

『임호은전林虎隱傳』
홍순필, 박문서관外,
1923.12.28(五)(초=1915.9.10)

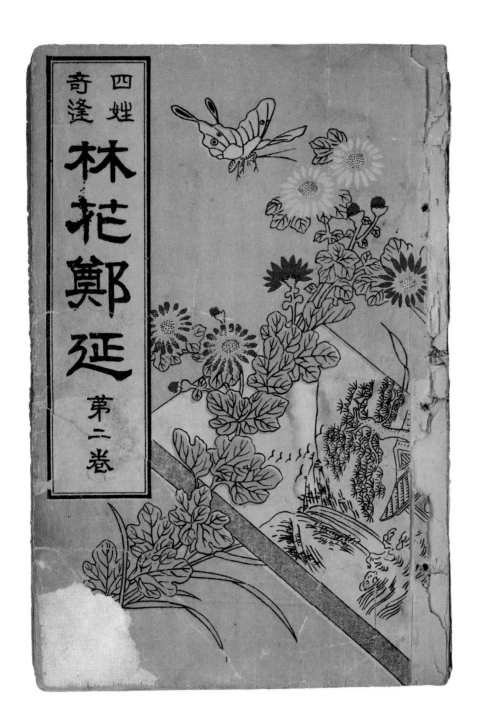

『임화정연林花鄭延』(권2)
홍순필, 조선도서(주),
1923.5.17

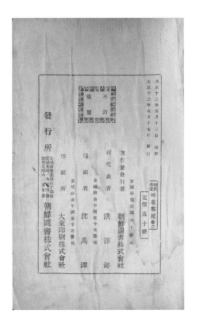

『**임화정연**林花鄭延』(권5)

홍순필, 조선도서(주),
1928.1.20(재)(초=1925.2.20)

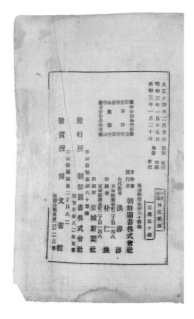

『**임화정연**林花鄭延』(권6)

홍순필, 조선도서(주),
1928.1.20(재)(초=1925.2.20)

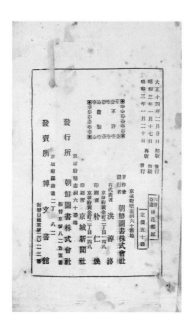

『자유종自由鐘』

이해조, 광학서포, 1910.7.30

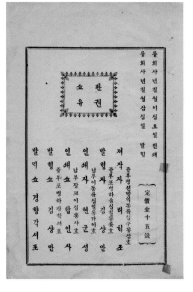

오래된 근대, 딱지본의 책그림

『장경전張景傳』
石田孝次郎, 대창서원,
1919.3.20

오래된 근대, 딱지본의 책그림

『장국진전張國振傳』
노익환, 홍문서관, 1925.3.5(八)
(초=1917.3.15)

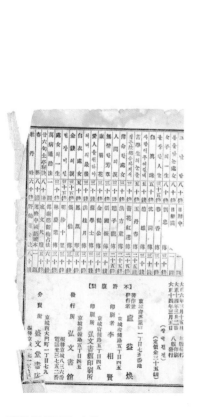

『장릉혈사莊陵血史』

황인성黃寅性, ○明社, 1929.8.5

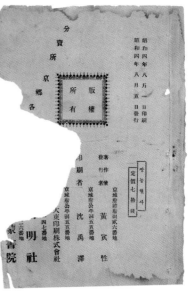

『장미화薔薇花』
박승엽朴承曄, 덕창서관,
1924.10.15 (앞표지 낙장)

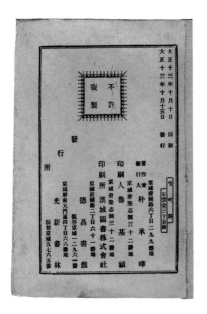

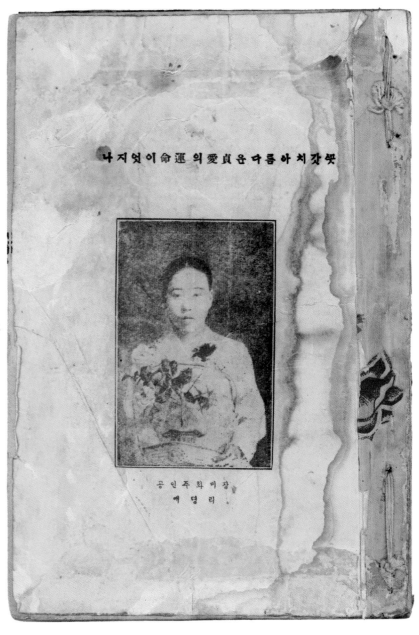

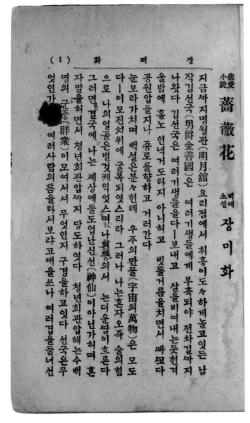

(1)　　　　장　　미　　화

悲愛
小說　薔薇花

비애
소설　장미화

지금새지면월관(明月舘)요리점에서 취흥이도々하게놀고잇든 남
작김선국(男爵金善國)은 여러기생을에게 부축되야 전차길까지
나왓다 김선국은 여러기생을다ㅡ보내고 살을비여내는듯한겨
울밤노 인녁거리도라지 아니처고 빗슬거름을치면서 싸진다
공원압을지나 종로를향하고 거러간다
눈보라가치며 백설은분々하헌데 우주의만물(宇宙의萬物)은모도
다ㅡ이모진처위에 굴복되엿스나라 그러나 나는혼자오죽 술의힘
으로 나의얼골은벌것케익엇스며 나원통의서 는더운심이흐른다
그러면결국에 나는 세상에둘업난신선(神仙)이아닌가하며 흔
자말을허면서 청년회관압사지 당도하엿다 청년회관압헤는수백
명의 군중(群衆)이모여서서 무엇인지 구경을하고잇다 선국은무
엇인가 여러사람의틈을타보랴고애울쓰나 여러겹을둘너섯

『장백전張伯傳』
강하형, 태화서관, 1929.11.28

오래된 근대, 딱지본의 책그림

『장비마초실기 張飛馬超實記』

(서지사항 미상)

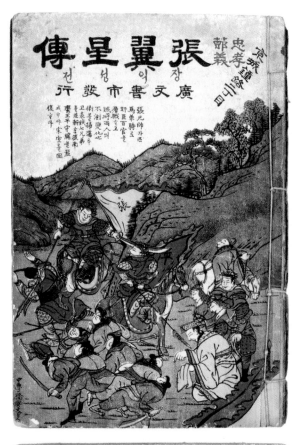

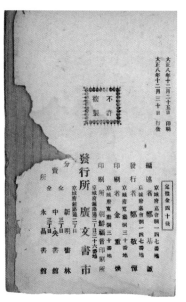

『장익성전張翼星傳』
정기성, 광문서시, 1919.12.30

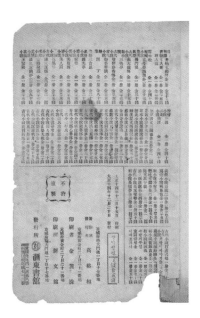

『장익성전張翼星傳』
고유상, 회동서관, 1925.12.20

오래된 근대, 딱지본의 책그림

『장익성전張翼星傳』

노익형, 박문서관外, 1926.2.20

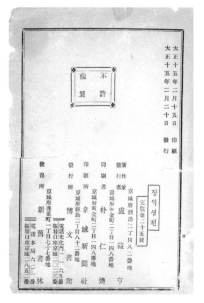

『장풍운전張豊雲傳』
고유상, 회동서관, 1926.1.15

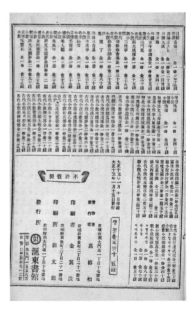

오래된 근대, 딱지본의 책그림

『장학사전張學士傳』

김익수, 신구서림, 1916.6.15

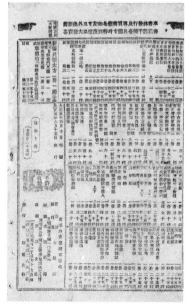

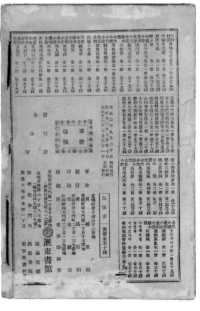

『장한몽長恨夢』(卷一)
조중환趙重桓, 회동서관,
1924.3.31(五)(초=1913.9.20)

『장한몽長恨夢』(中編 卷二)
조중환趙重桓, 조선도서,
1924.1.30(六)(초=1916.12.20)

『장한몽長恨夢』(下編 卷三)
조중환, 조선도서㈜,
1926.1.17(七)(초=1916.12.20)

오래된 근대, 딱지본의 책그림

『장한몽長恨夢』(中編 卷二)
홍순필, 조선도서(주),
1930.1.20(八)(초=1916.12.20)

『장한몽長恨夢』(下編 卷三)
홍순필, 조선도서(주),
1930.1.20(八)(초=1916.12.20)

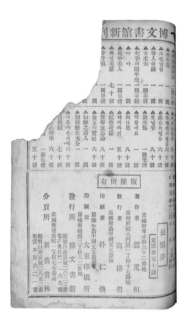

화성 이승철 표지화

『장한몽長恨夢』(卷一)

조중환, 박문서관, 1930.12.10(六)

『장한몽長恨夢』(中下合編)

(서지사항 미상)

『장화홍련전薔花紅蓮傳』

고유상, 회동서관, 1932.12.15(재)

(초=1926.11.20)

『장화홍련전薔花紅蓮傳』

강하형, 태화서관,

1947.12.10(五)(초=1928.□.18)

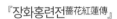

『재봉춘再逢春』
이상협李相協, 동양서원,
1912.8.15

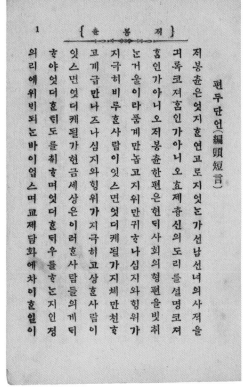

오래된 근대, 딱지본의 책그림

『재봉춘再逢春』

노익형, 박문서관, 1923.3.31

『**적벽대전**赤壁大戰』
강의영, 영창서관, 1926.6.15

『적성의전狄成義傳』

이면우李冕宇, 박문서관,
1926.3.5

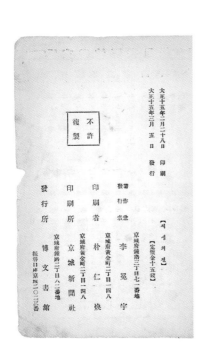

오래된 근대, 딱지본의 책그림

『정비전鄭妃傳』

김기풍金基豊, 신명서림,
1917.1.3

『정을선전鄭乙善傳』
김동진, 덕흥서림, 1925.10.30

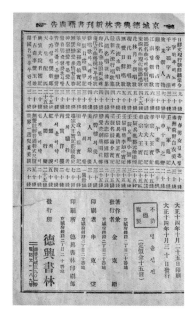

오래된 근대, 딱지본의 책그림

『정을선전鄭乙善傳』

노익형, 박문서관

(간행일자 미상)

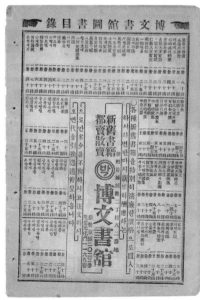

『정포은전鄭圃隱傳』
김동진, 덕흥서림, 1929.11.5

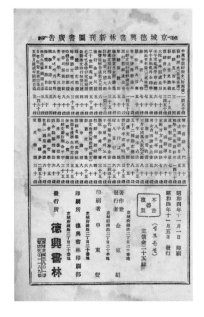

오래된 근대, 딱지본의 책그림

『제마무전』

남궁준, 유일서관外, 1916.11.10

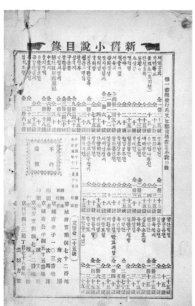

『조웅전趙雄傳』

노익형, 박문서관, 1925.9.5

『조웅전趙雄傳』

유석조, 광학서포, 1925.12.1

오래된 근대, 딱지본의 책그림

『조웅전趙雄傳』

김천희金天熙, 삼문사, 1932.10.3

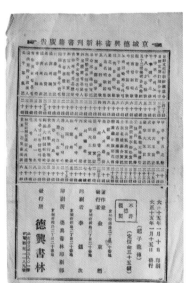

『조자룡실기趙子龍實記』

김동진, 덕흥서림, 1926.1.15

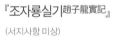

『조자룡실기趙子龍實記』

(서지사항 미상)

『**주원장창업기**朱元璋創業記』

정기성, 대창서원, 1921.1.21(재)

(초=1919.3.5)

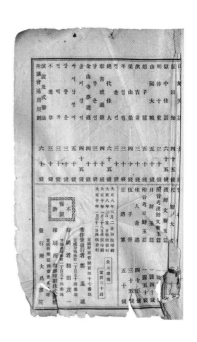

『죄악罪惡의 씨』
최연택崔演澤, 문창사,
1922.12.25

오래된 근대, 딱지본의 책그림

『죽서루竹西樓』

현공렴, 서적及모자제조소(발매소),
1911.10.2

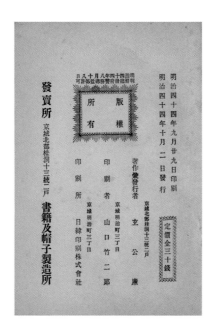

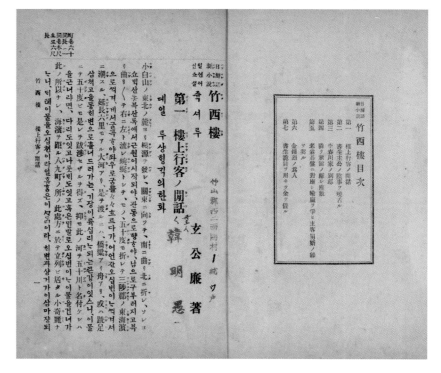

『지나사변실기支那事變實記』

신태삼, 세창서관, 1937.12.10

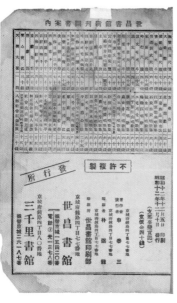

오래된 근대, 딱지본의 책그림

『진대방전陳大方傳』

지송욱, 신구서림,
1922.9.20(三)(초=1917.3.8)

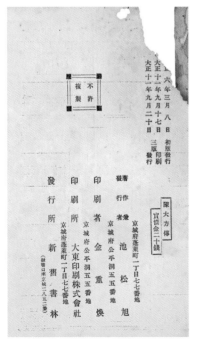

『진시황전秦始皇傳』
남궁준, 경성서적업조합,
1920.2.26(재)(초=1917.5.13)

오래된 근대, 딱지본의 책그림

『진장군전陳將軍傳』

김재희金在羲, 대창서원,
1916.2.11

『진장군전陳將軍傳』

강의영, 영창서관, 1930.4.10

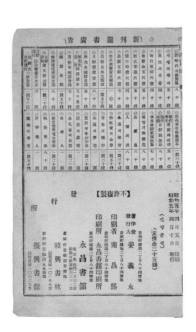

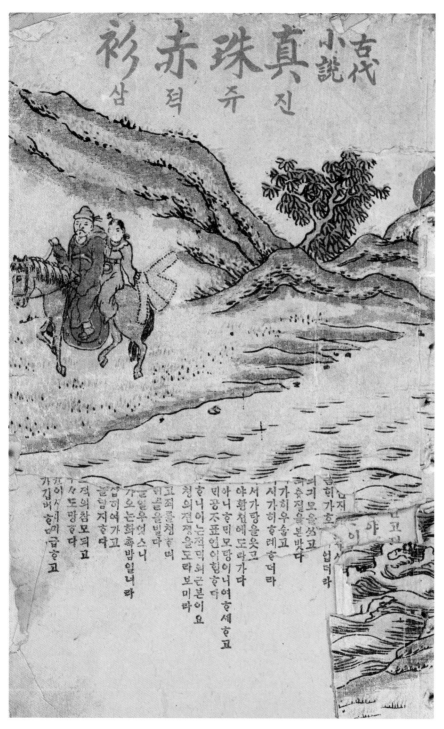

『진주적삼眞珠赤杉』
박건회, 공진서관, 1917.1.7

오래된 근대, 딱지본의 책그림

『**창선감의록**彰善感義錄』

박건회, 신구서림, 1916.1.15(재)

(초=1914.1.5)

『**창선감의록**彰善感義錄』

백두용, 한남서림, 1917.5.20

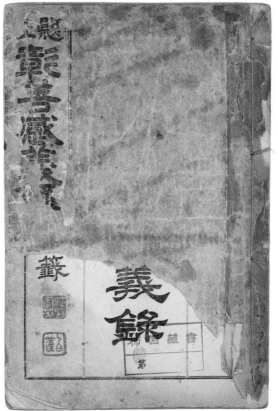

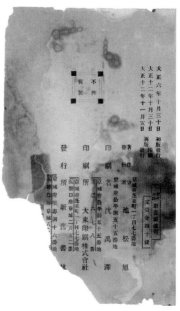

『창선감의록彰善感義錄』

지송욱, 신구서림, 1923.11.5(재)

(초=1917.10.30)

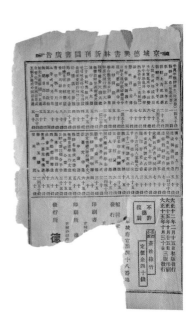

『창송녹죽蒼松綠竹』

덕흥서림, 1926.10.30(三)

(초=1923.2.15)

오래된 근대, 딱지본의 책그림

관재 이도영 표지화

『채봉감별곡彩鳳感別曲』

황갑수黃甲秀, 박문서관,
1914.5.25

『처녀處女의 눈물』

김천희金天熙, 삼문사, 1932.11.3

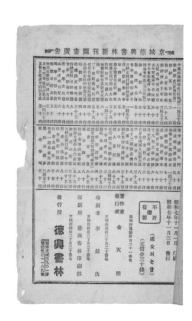

『처녀處女의 눈물』

김천희, 덕흥서림, 1932.11.3

『천도화天桃花』(一名 : 소운전)

김동진, 덕흥서림, 1925.10.30(재)

(초=1916.10.20)

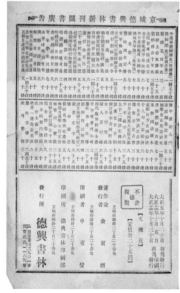

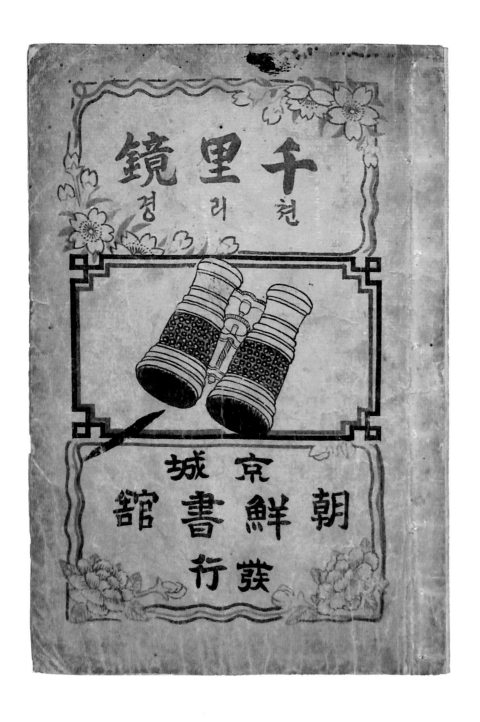

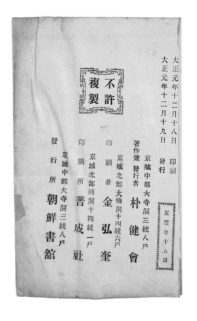

『천리경千里鏡』
박건회, 조선서관, 1912.12.19

『천리원정千里遠情』

김재희金在羲, 신명서림外,
1930.1.20

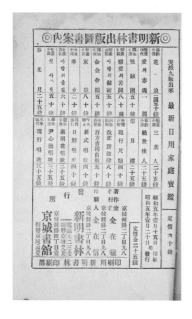

『천리춘색千里春色』
강은형, 대성서림, 1928.12.10(재)
(초=1925.10.12)

오래된 근대, 딱지본의 책그림

『천정가연天定佳緣』
최석정, 박문서관外,
1925.12.20

『천지개벽天地開闢』
고병교, 덕흥서림, 1935.12.16

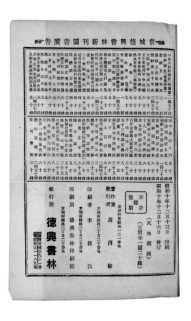

오래된 근대, 딱지본의 책그림

소림 조석진 표지화

『철세계鐵世界』

이해조, 회동서관, 1908.11.20

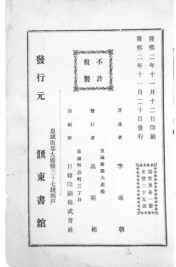

『철천지한』
이종수, 성문당서점,
1934.11.25

『청년회심곡青年悔心曲』
강의영, 영창서관, 1926.6.15

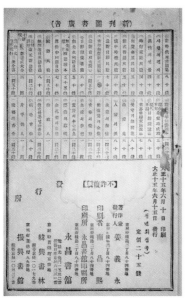

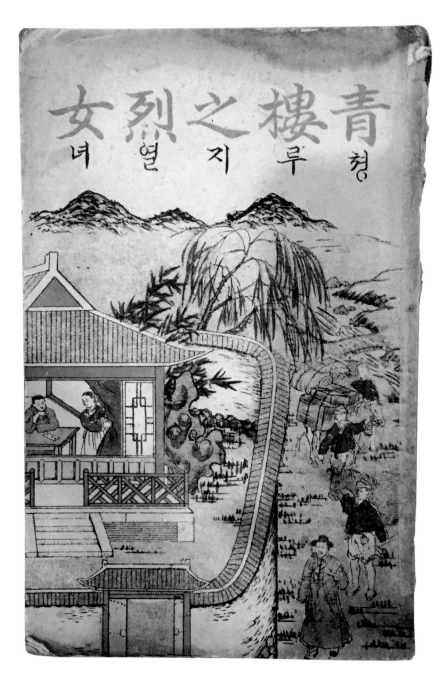

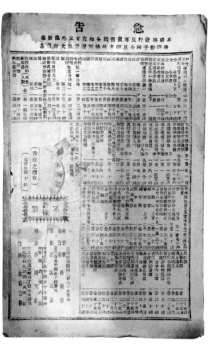

『청루지열녀青樓之烈女』
박건회, 신구서림, 1917.12.5

오래된 근대, 딱지본의 책그림

『청천벽력靑天霹靂』
김천희, 광동서국, 1921.10.10

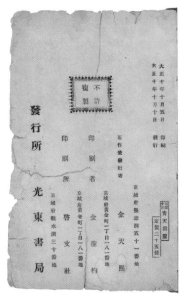

『청천벽력靑天霹靂』
김천희, 박문서관,
1924.1.30(재)

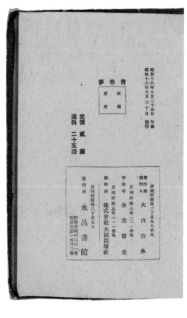

『청춘몽青春夢』
대산치영大山治永, 영창서관,
1941.8.30

오래된 근대, 딱지본의 책그림

『청춘靑春의 루淚』

월파月波, 영창서관, 1925.9.30

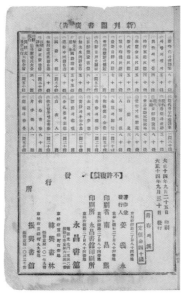

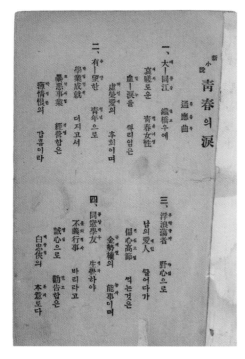

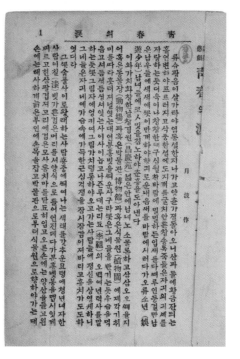

『청춘青春의 미인美人』

강하형, 태화서관,
1933.1.23(재)

『청춘青春의 사랑』

홍영후, 경성서관출판부外,
1923.5.10

『청춘靑春의 사랑』
신태삼, 세창서관, 1934.11.10

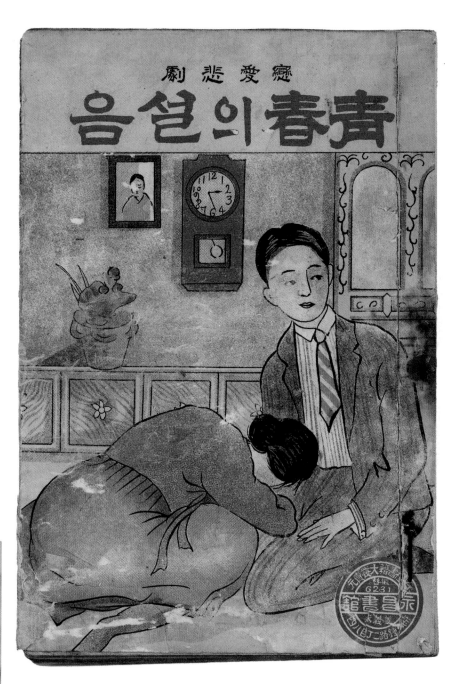

『청춘青春의 설움』

월파, 영창서관, 1929.12.30

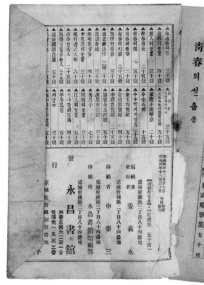

『청춘青春의 애정愛情』
노익환, 신구서림, 1929.1.15

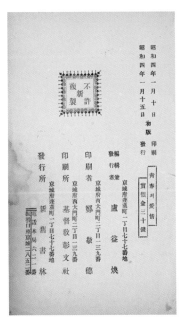

오래된 근대, 딱지본의 책그림

『청춘靑春의 화몽花夢』

신구서림 (간행일자 미상)

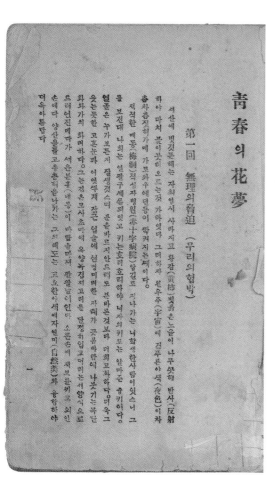

青春의 花夢

第一回 無理의 脅迫 (무리의 협박)

서산에 빗깃돈해든 자최엄시 사라지고 황감(黃柑)빗롯은 노을이 나무숙히 반사(反射)하야 마치 불이붓시 오르는듯 가하엿다 그머하자 원유주(宇宙)에 걸우른야색(夜色)이차츰차츰지터식가매 梅동(梅洞)적식자 행원(赤十字病院)상긘포 지나가는 너학생한사람이잇스니 그 적격한 매동(梅洞)적식자 행원(赤十字病院)상긘포 지나가는 너자의키로는 알마즌 둥키이다 혈골은누가보든지 잘생겻스며 문흘밧드시않으며모 보드라운컷보다 더화고화한덕위묵고 웃는듯한 고흔눈과 어엽섓게 고리를 단정히입고머리는서양식으로 드러언진메닥가 서운분흐(배웅)이 바탐을더잇는데 오른손에 채보들비고 외인 화와가치 화려하다ㅇ그는정운모시초미에 용양녹깅저고리를 섬섬미련한 자태가 굴름바람에 나붓기는목단 손에다 양산을 고흔충히웃나가는 그의해도는 고요한아색에자텍미(自然美)와 융합하야 더욱아름답다

1

『청춘화靑春花』
무궁無窮, 태화서관,
1927.12.12(四)(초=1925.9.25)

오래된 근대, 딱지본의 책그림

『초로인생草露人生』
이악李嶽, 삼광서림
(간행일자 미상)

悲情慘劇
초생달

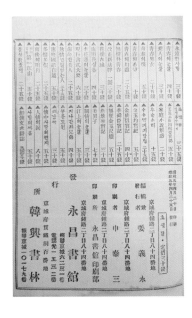

『초생달』
강의영(편집겸발행), 세창서관,
1930.4.25

오래된 근대, 딱지본의 책그림

『초한전楚漢傳』

남궁설, 한성서관,
1918.11.15(四)(초=1915.11.25)

『초한전楚漢傳』

유석조, 광학서포, 1925.10.30

家庭
悲劇
村색씨

金春光作
李元珪編
李承喆画

이승철 표지화

『촌색씨』
김춘광, 한흥출판사, 1948.3.15

『최고운전崔孤雲傳』

고유상, 회동서관, 1930.2.8(재)
(초=1927.12.12)

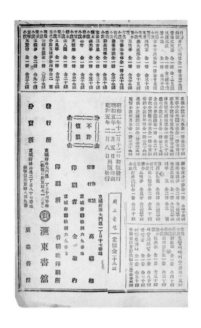

『최고운전崔孤雲傳』

김완기金完起, 홍문서관,
1947.11.3

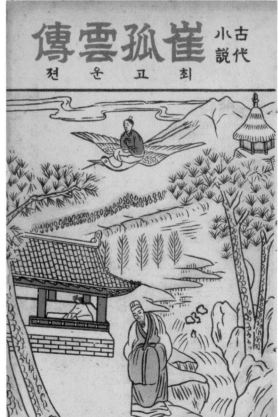

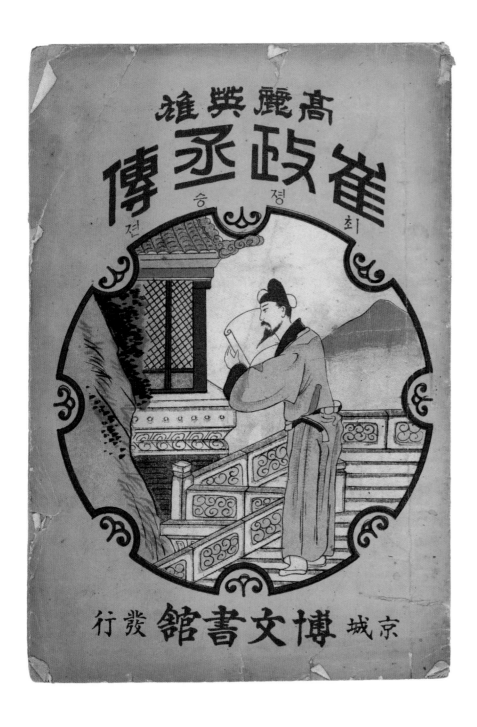

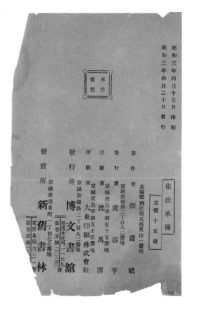

『최정승전崔政丞傳』
장도빈張道斌, 박문서관, 1928.4.20

오래된 근대, 딱지본의 책그림

『추야월秋夜月』

김성진金成鎭, 광덕서관, 1913.3.5

『추야월秋夜月』
신태삼, 세창서관, 1936.9.30

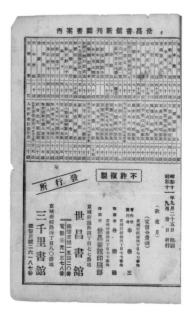

『추월색秋月色』

최찬식, 회동서관, 1932.12.15(22판)

(초=1912.2.25)

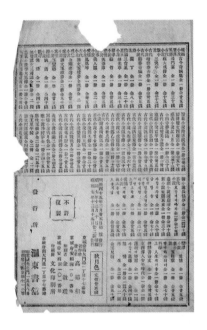

『추월색秋月色』

고유상, 회동서관, 1924.4.30(19판)

(초=1912.2.25)

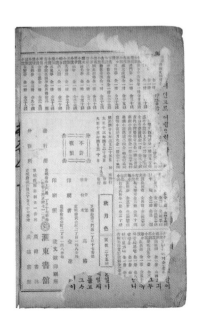

『추월색秋月色』
김영제金永濟, 명문당,
1936.10.30

오래된 근대, 딱지본의 책그림

『추천명월秋天明月』
지송욱, 신구서림,
1924.11.10(三)(초=1919.1.30)

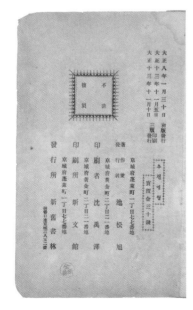

관재 이도영 표지화
『추풍감수록秋風感樹錄』
민준호, 동양서원, 1912.2.15

오래된 근대, 딱지본의 책그림

『춘몽春夢』
홍순필, 박문서관, 1924.2.29

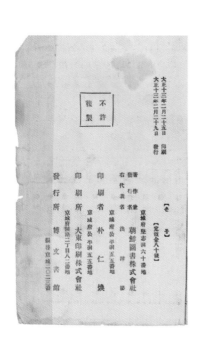

『춘몽春夢』
홍순필, 박문서관, 1924.2.29

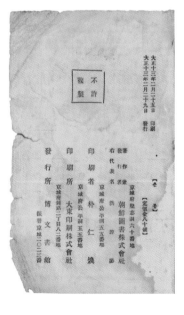

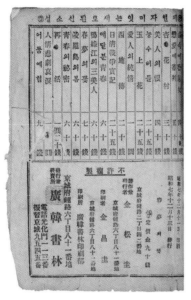

『춘몽春夢의 꽃』

김송규金松圭, 광한서림,
1932.12.13

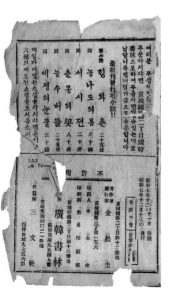

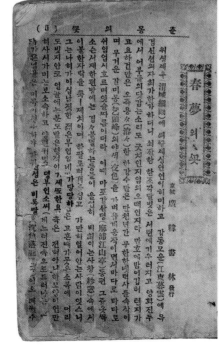

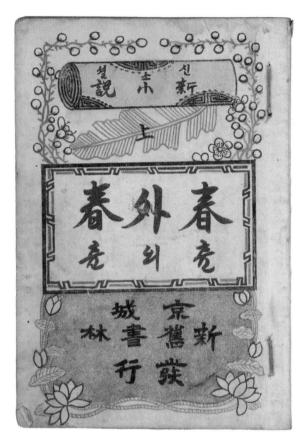

『춘외춘春外春』(上)

이해조, 신구서림, 1912.12.25

『춘외춘春外春』(下編)

이해조, 신구서림, 1912.12.25

『춘외춘春外春』(上)

이해조, 신구서림, 1918.3.11(재)

(초=1912.12.25)

『춘외춘春外春』(下)

이해조, 신구서림, 1918.3.11(재)

(초=1912.12.25)

오래된 근대, 딱지본의 책그림

『춘풍春風』

이종수, 성문당서점, 1936.1.5

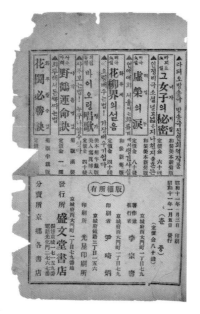

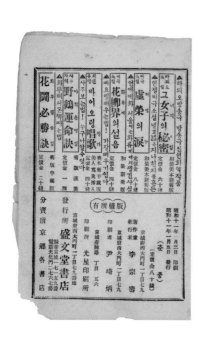

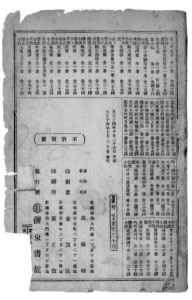

『춘향전春香傳』
고유상, 회동서관, 1925.10.30

『춘향전春香傳』
김천희, 삼문사, 1934.11.30(재)
(초=1932.10.7)

오래된 근대, 딱지본의 책그림

『일선문 춘향전春香傳』

남궁설南宮楔, 한성서관, 1917.7.30

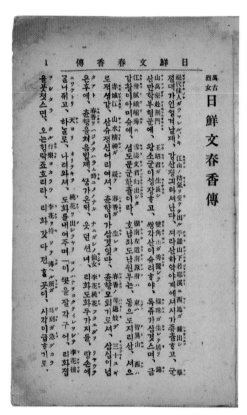

『춘향전春香傳』
김완기金完起, 홍문서관,
1947.11.3

오래된 근대, 딱지본의 책그림

『선한문 **춘향전春香傳**』

이용한, 동미서시, 1913.12.30

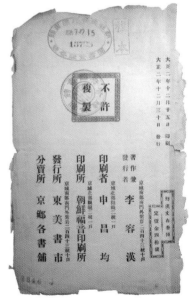

관재 이도영 표지화

『**치악산**雉岳山』(상편)

이인직, 유일서관(원매소),
1908.9.20

운재芸齋 표지화

『**치악산**雉岳山』(하편)

김교제金敎濟, 동양서원, 1911.12.30

『**치악산**雉岳山』(上編)

홍순필, 보문관, 1919.2.28(재)

(초=1918.1.12)

오래된 근대, 딱지본의 책그림

『**치악산**雉岳山』(下編)

홍순필, 보문관, 1922.2.10(三)

(초=1918.1.12)

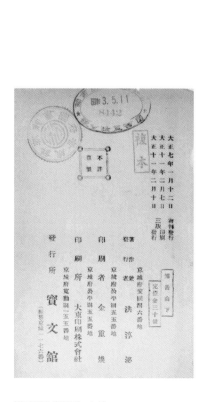

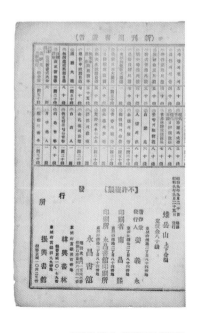

화성 이승철 표지화

『**치악산**雉岳山』(上下合編)

강의영, 영창서관, 1934.9.25

오래된 근대, 딱지본의 책그림

『칠도팔기七倒八起』
강은형, 대성서림, 1926.10.5

『칠진주七眞珠』
노익형(저작겸발행), 박문서관,
1925.3.30

오래된 근대, 딱지본의 책그림

『카츄샤賈珠謝의 애화哀話』

고병교, 회동서관, 1929.7.30

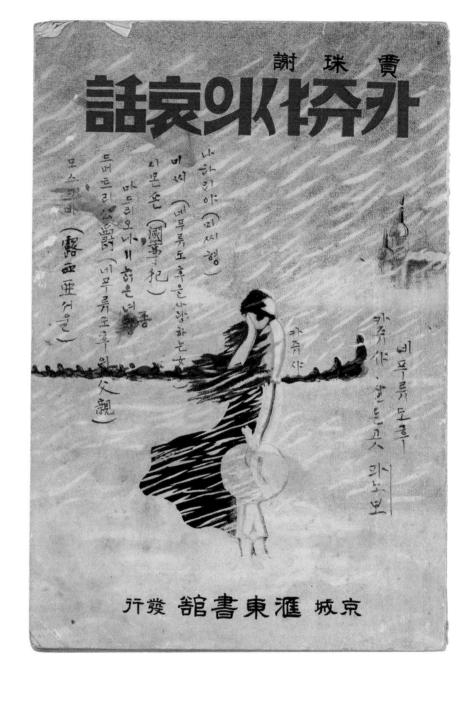

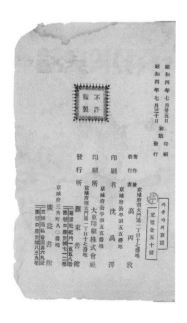

『콩쥐팥쥐전』
강하형, 태화서관, 1928.11.20

오래된 근대, 딱지본의 책그림

『콩쥐팥쥐전』

강하형, 태화서관, 1928.11.20

『콩쥐팥쥐전』

강하형, 태화서관, 1947.11.10(재판)
(초=1928.11.20)

『쾌남아快男兒』
강의영, 영창서관, 1924.10.30

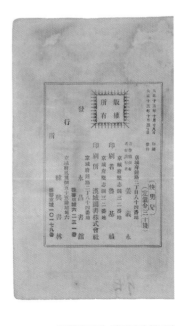

오래된 근대, 딱지본의 책그림

『탄금대彈琴臺』
이해조, 신구서림, 1912.12.10

『탄금대彈琴臺』
이해조, 박문서관,
1923.1.20(四)(초=1912.12.10)

『탐화봉접探花蜂蝶』
송완식, 동양대학당,
1930.12.20

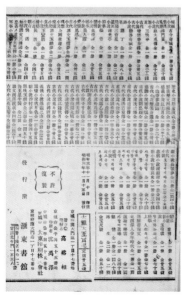

『태조대왕실기太祖大王實記』
고유상, 회동서관, 1928.11.15

『파도상선波濤上船』
고유상, 회동서관, 1913.9.5

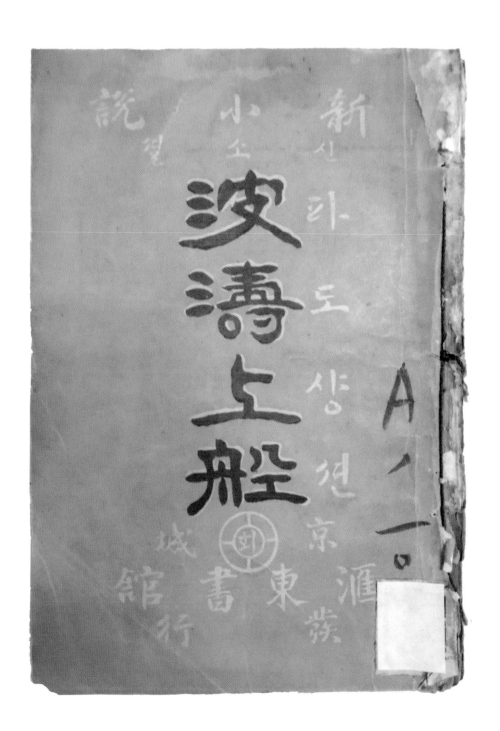

『팔장사전八壯士傳』
박건회, 조선서관, 1915.11.6

오래된 근대, 딱지본의 책그림

『팔장사전八壯士傳』
홍순필, 경성서적업조합,
1926.12.20

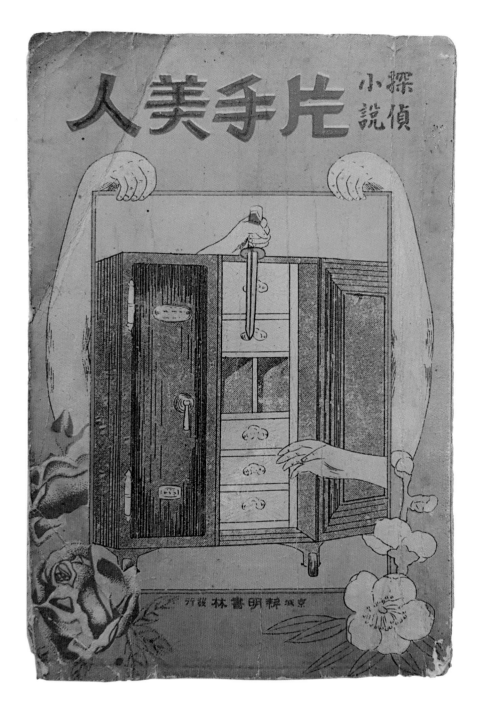

『편수미인片手美人』
김재덕(저작겸발행),
신명서림출판부, 1926.2.5

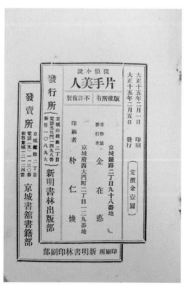

오래된 근대, 딱지본의 책그림

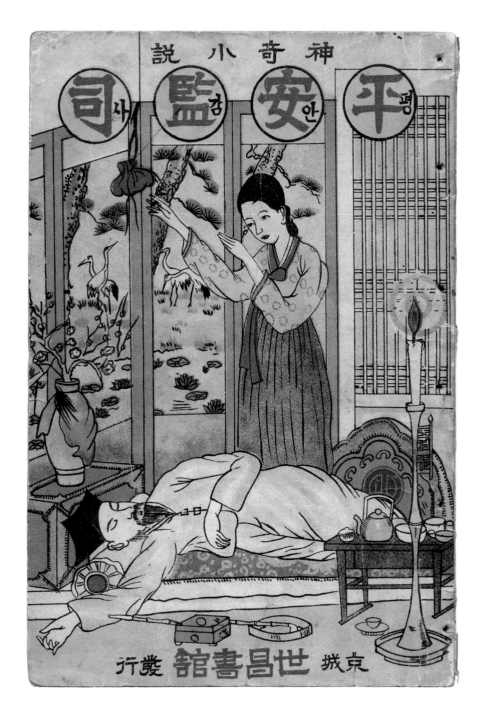

『평안감사平安監司』
신태삼, 세창서관, 1933.1.23

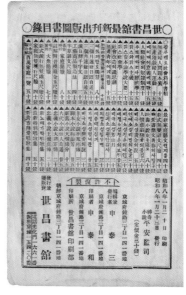

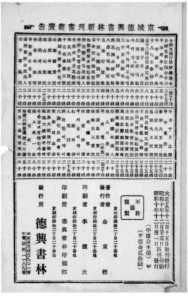

『평양공주전平壤公主傳』
김동진, 덕흥서림,
1935.12.30.(재)(초=1926.12.15)

『**표랑**漂浪**의 루**淚』(표랑의 눈물)

박건회, 신구서림, 1915.3.10

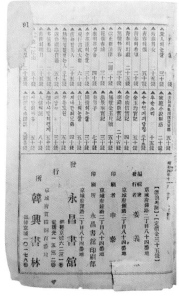

『하진양문록河陳兩門錄』(上編)
박건회, 신구서림, 1915.3.10

오래된 근대, 딱지본의 책그림

『하진양문록河陳兩門錄』(中下合編)

박건회, 박문서관, 1915.3.25

『하진양문록河陳兩門錄』(上編)
송완식, 동양대학당, 1928.12.23(三)
(초=1924.11.28)

『하진양문록河陳兩門錄』(下編)
송완식, 동양대학당, 1928.12.23(三)
(초=1924.11.28)

오래된 근대, 딱지본의 책그림

『한씨보응록韓氏報應錄』(上)

이해조, 오거서창, 1918.5.27

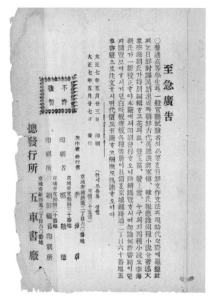

『한씨보응록韓氏報應錄』(下)

이해조, 오거서창, 1918.5.27

『한씨보응록韓氏報應錄』(上)
이해조, 오거서창, 1918.5.27

오래된 근대, 딱지본의 책그림

『한씨보응록韓氏報應錄』(下)
이해조, 오거서창, 1918.5.27

『한씨보응록韓氏報應錄』(下)
이해조, 오거서창, 1918.5.27

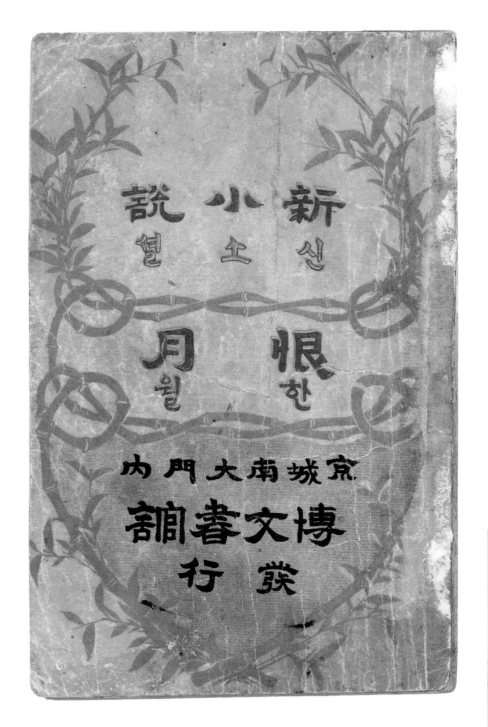

『한월恨月』
노익형, 박문서관, 1912.10.30

오래된 근대, 딱지본의 책그림

『한월恨月』(下卷)
노익형, 박문서관, 1913.10.10

『항장무項莊舞』
현병주, 박문서관, 1920.11.20

오래된 근대, 딱지본의 책그림

『가주사애화賈珠謝哀話 해당화海棠花』

최창선, 신문관, 1928.8.20(五)

(초=1918.4.25)

육당 최남선의 서문

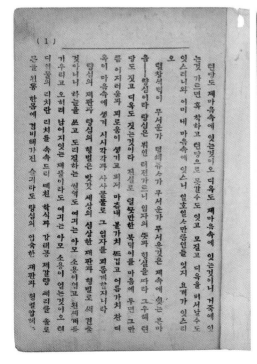

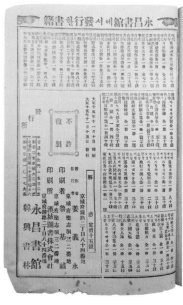

『해혹解惑』
강의영(저작겸발행), 영창서관,
1926.11.15

오래된 근대, 딱지본의 책그림

관재 이도영 표지화

『행락도行樂圖』

민준호, 동양서원, 1912.4.10

『행화촌杏花村』
김송규, 광한서림, 1931.3.20

『허영虛榮』

홍영후, 박문서관, 1922.9.20

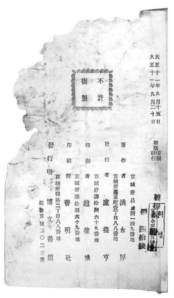

『현수문전玄壽文傳』
박운보朴運輔, 신구서림,
1920.9.25(재)(초=1917.9.21)

오래된 근대, 딱지본의 책그림

『현미경顯微鏡』
김교제, 동양서원, 1912.6.5

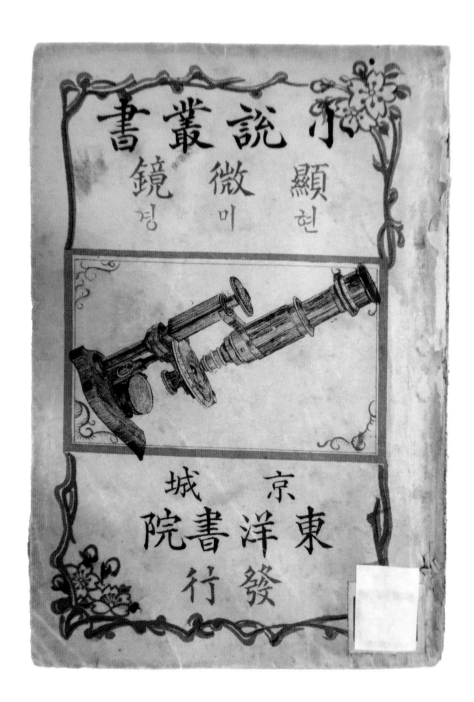

오래된 근대, 딱지본의 책그림

『현미경顯微鏡』

홍순필, 보문관, 1922.2.20(재)

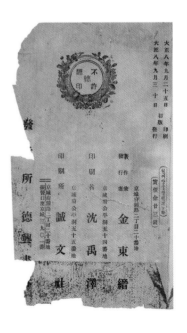

『현씨양웅쌍린기玄氏兩雄雙鱗記』(下)

김동진, 덕흥서림, 1919.9.30

『혈루血淚』(壹卷)

최환규崔桓圭, 조선농민사본부,
1927.□.30

『혈루몽血淚夢』

서병수, 대성서림,

1932.12.20(七)(초=1926.7.26)

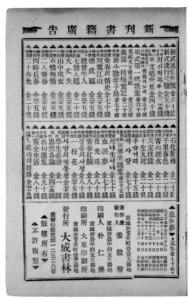

『혈루몽血淚夢』(一名 : 짝사랑)

서병수, 대성서림, 1949.1.20

오래된 근대, 딱지본의 책그림

『혈루血淚의 미인美人』
신태삼, 세창서관, 1935.11.10

『형산백옥荊山白玉』
박건회, 신구서림, 1918.3.10(재)
(초=1915.1.30)

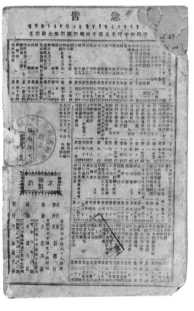

오래된 근대, 딱지본의 책그림

관재 이도영 표지화

『형월螢月』

노익형, 박문서관, 1915.1.25

『형제兄弟』(一名 : 과거의 죄)
심천풍沈天風, 영창서관, 1927.9.20

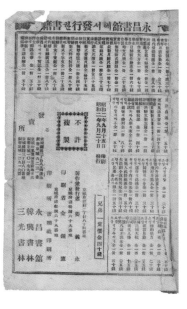

오래된 근대, 딱지본의 책그림

『홍계월전洪桂月傳』
박건회, 광동서국, 1916.2.5

『홍계월전洪桂月傳』
이면우, 대산서림, 1926.1.25

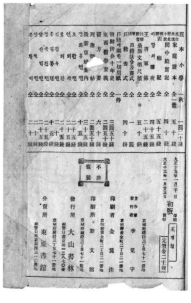

오래된 근대, 딱지본의 책그림

『홍길동전洪吉童傳』

노익형, 박문서관, 1926.1.15

『홍길동전洪吉童傳』

성문당서점, 1926.1.8

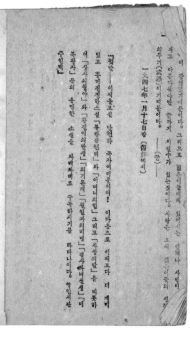

이승철 표지화
『홍도紅桃야 설워 마라』
박루월, 영인서관,
1947.1.17(탈고일자)

오래된 근대, 딱지본의 책그림

관재 이도영 표지화

『홍도화紅桃花』(上)

이해조, 유일서관(원매소),
1908(月日표기 없음)

『홍도화紅桃花』(下)
이해조, 동양서원,
1911.10.20(재)
(초=1910.5.10)

관재 이도영 표지화
『홍도화紅桃花』
동양서원, 1912

『홍루미인紅淚美人』

김동진, 덕흥서림, 1937.11.15

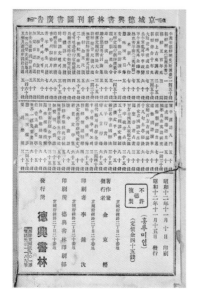

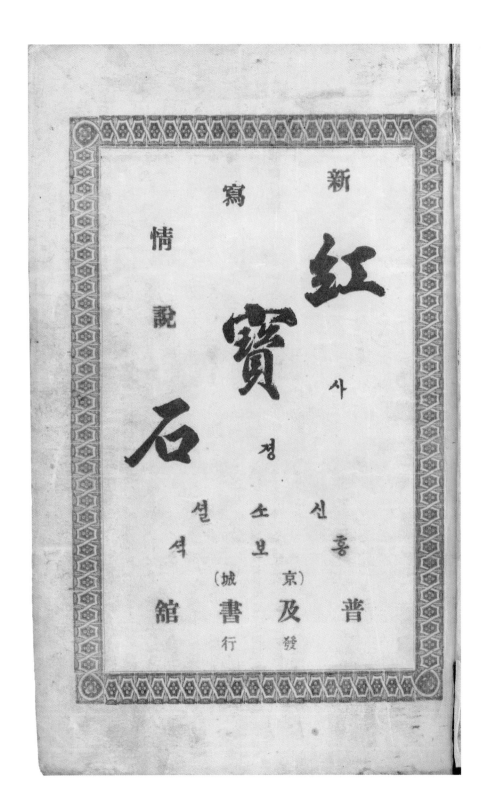

오래된 근대, 딱지본의 책그림

『홍보석紅寶石』

김용해金容海, 박문서관,
1922.9.15(재)(초=1913.2.10)

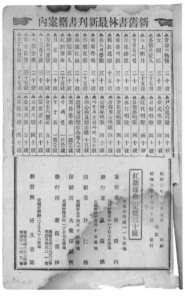

『홍안박명紅顔薄命』
박준표朴埈杓, 신구서림,
1928.12.10

오래된 근대, 딱지본의 책그림

『홍장군전洪將軍傳』(上)

이해조, 오거서창, 1918.5.27

『홍장군전洪將軍傳』(下)

이해조, 오거서창, 1918.5.27

義勇雙全
洪將軍傳 上

五車書廠發行

『홍장군전洪將軍傳』(上)
이해조, 오거서창, 1918.5.27

오래된 근대, 딱지본의 책그림

『화세계花世界』
이해조, 동양서원, 1911.10.10

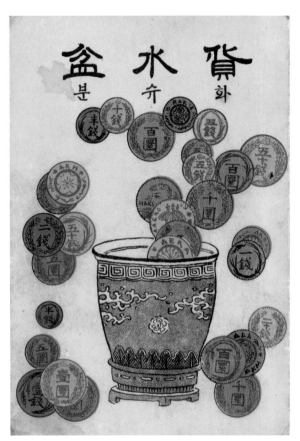

『화수분貨水盆』
심우택沈禹澤, 광학서포,
1914.1.25

『화옥쌍기』(上卷)

이종정, 대창서원, 1914.9.25

『화옥쌍기』(下)

이종정, 대창서원外,
1922.1.4(三)(초=1914.10.10)

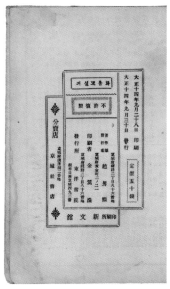

『화용도실기華容道實記』

조남희, 동양서원, 1925.9.30

『화용도실기華容道實記』

조남희, 동양서원, 1926.1.10(재)

『화용도실기華容道實記』

이종수, 성문당서점, 1936.1.8

오래된 근대, 딱지본의 책그림

『화용월태花容月態』

강의영, 영창서관, 1920.12.15(재)

(초=1918.12.31)

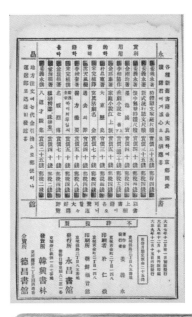

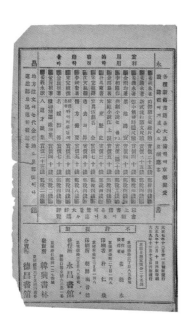

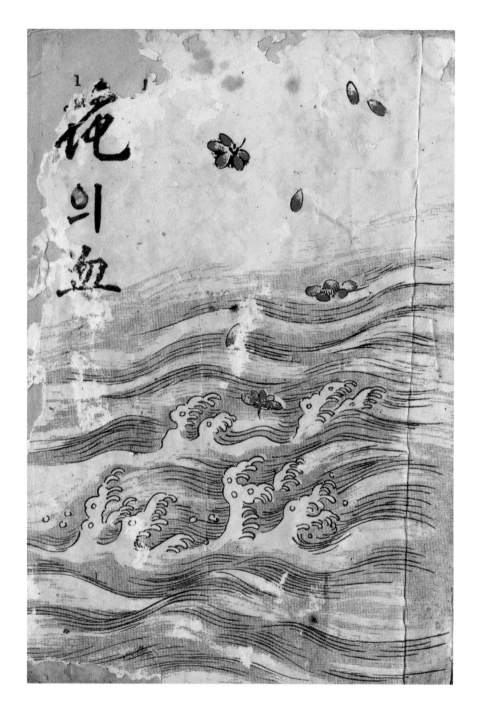

『화花의 혈血』
이해조, 오거서창, 1918.3.13(재)
(초=191.6.30)

오래된 근대, 딱지본의 책그림

『황금黃金에 우는 처녀處女』
조준경, 보성서관, 1938.8.30

조준경, 보성서관, 1937.1.10

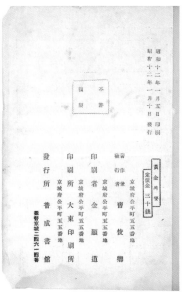

오래된 근대, 딱지본의 책그림

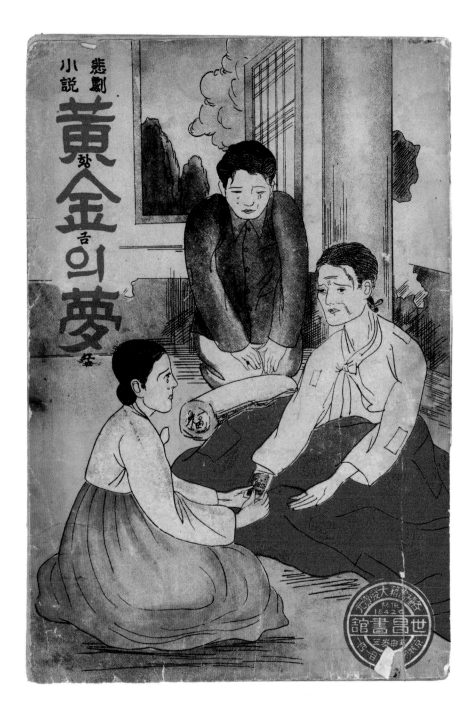

『황금黃金의 몽夢』

신태삼, 세창서관1935.11.10

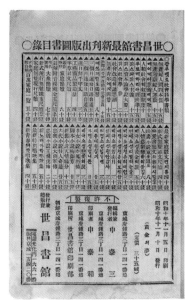

관재 이도영 표지화
『황금탑黃金塔』
김용준, 보급서관, 1912.1.10

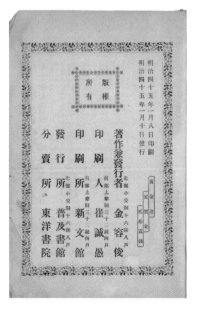

오래된 근대, 딱지본의 책그림

『황부인전黃夫人傳』
최석정, 박문서관, 1925.11.25

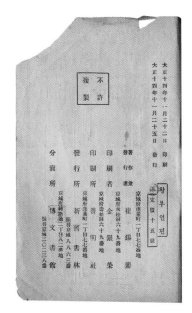

『황월선전黃月仙傳』
김동진, 덕흥서림, 1928.11.5

『황혼黃昏의 루淚』

노익환, 신구서림, 1929.12.10

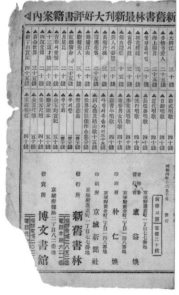

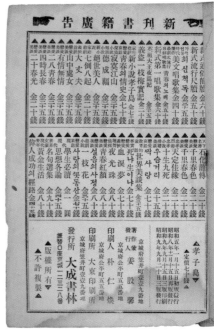

이승철 표지화

『효자도孝子島』

이윤혁李尹赫, 대성서림,
1934.9.23(三)(초=1930.1.15)

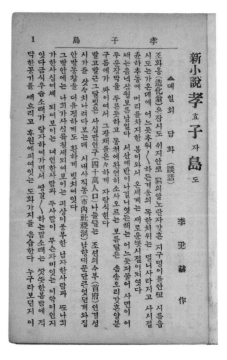

『효종대왕실기孝宗大王實記』

김동진, 덕흥서림, 1930.10.5

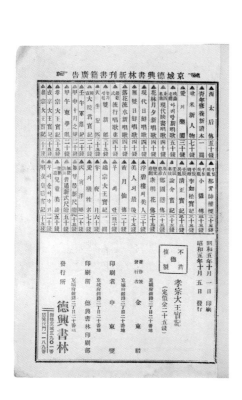

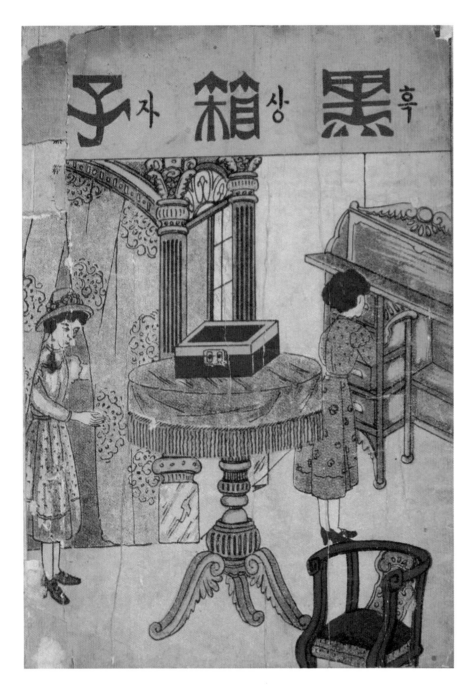

『흑상자黑箱子』
박준표, 대산서림(발매소)
(간행일자 미상)

오래된 근대, 딱지본의 책그림

『흥부전興夫傳』

노익형, 박문서관,
1924.6.30(三)(초=1917.2.15)

『흥부전興夫傳』
조남희, 동양서원, 1925.11.30

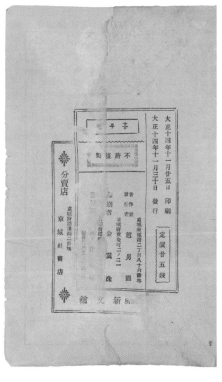

오래된 근대, 딱지본의 책그림

딱지본의
책표지

비ㅑ소설

척독류尺牘類

『가정간독家庭簡牘』

이정환李鼎煥, 회동서관,

1910.5.25(재)(초=1909.10.15)

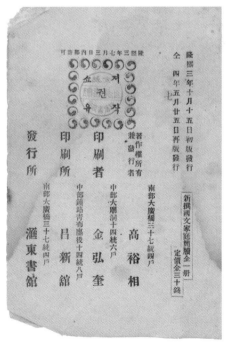

『신식언문 **가정간독**家庭簡牘』
박문서관 (간행일자 미상, 1911~1913 추정)

오래된 근대, 딱지본의 책그림

『시문척독時文尺牘』

강의영, 영창서관, 1924.3.25(재)

(초=1922.9.30)

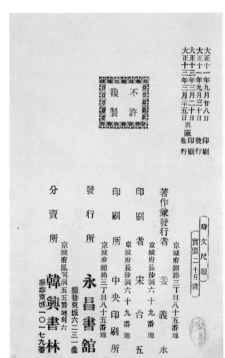

『여자서간문女子書簡文』
박건회, 신구서림,
1924.10.15(三)(초=1913.10.15)

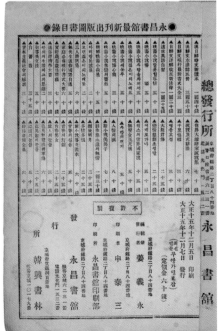

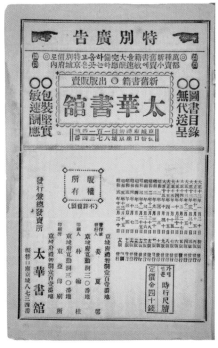

『시행척독時行尺牘』
강하형, 태화서관, 1930.12.20(18판)
(초=1923.1.20)

오래된 근대, 딱지본의 책그림

『언문간독諺文簡牘』
강의영, 영창서관,
1932.12.20(七)(초=1917.3.10)

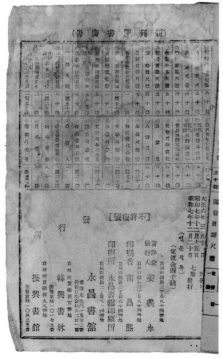

『신식통속간독新式通俗簡牘』
강은형, 대성서림, 1935.5.4(八)
(초=1931.1.15)

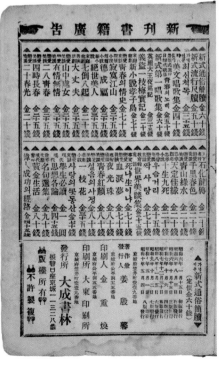

오래된 근대, 딱지본의 책그림

『최신언문가정보감最新諺文家庭寶鑑』
박문서관 (간행년도 미상)

『시행미문척독時行美文尺牘』
신구서림 (간행년도 미상)

『특별가정요람特別家庭要覽』
태화서관 (간행년도 미상)

『가정편지투』
윤오중尹旿重, 근흥인서관,
1945.9.15

오래된 근대, 딱지본의 책그림

『시체국문편지틀家庭簡牘』
김동진, 덕흥서림
(간행일자 미상, 해방기)

『시체언문편지틀家庭簡牘』
김동진, 덕흥서림, 1932.3.22(三)
(초=1926.12.15)

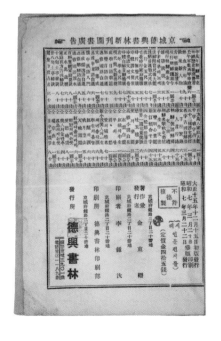

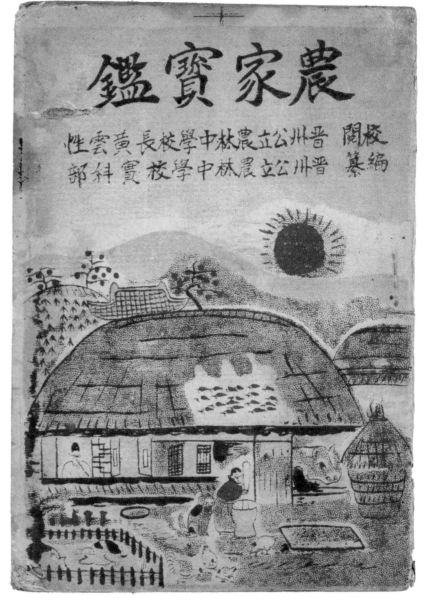

『농가보감農家寶鑑』

진주농대기성회, 1947.12

『시행척독時行尺牘』

근흥인서관

(간행일자 미상, 해방기)

소화집笑話集

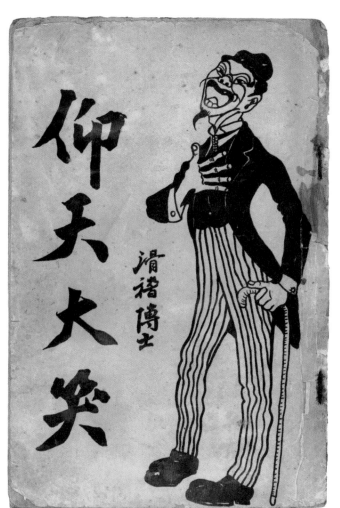

『앙천대소仰天大笑』
선우일, 박문서관, 1913.9.27

『앙천대소仰天大笑』
선우일, 박문서관, 1917.2.15(재)
(초=1913.9.27)

오래된 근대, 딱지본의 책그림

『깔깔웃음』
남궁설, 한성서관,
1917.12.30(재)

『소천소지笑天笑地』
최창선, 신문관, 1918.3.21

오래된 근대, 딱지본의 책그림

『소성笑聲(우순소리)』

강의영, 영창서관, 1926.11.15

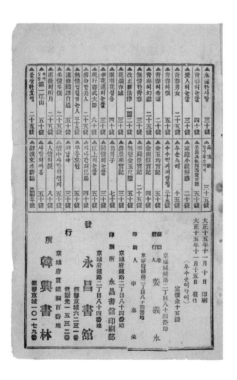

『멍텅구리재담』
강범형, 화광서림,
1932.11.20(재)(초=1926.6.15)

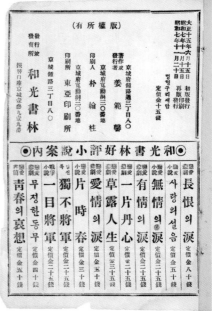

오래된 근대, 딱지본의 책그림

『십삼도재담집十三道才談集』
신구서림 (간행년도 미상)

『신기한 이야기』
김동진, 덕흥서림, 1933.9.15

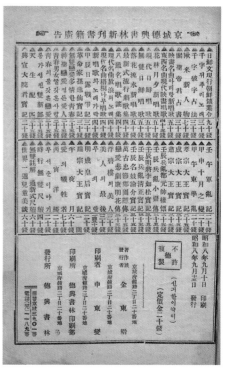

『신불출넌센스 대머리백만풍』

신불출申不出, 성문당서점 (1930년대 추정)

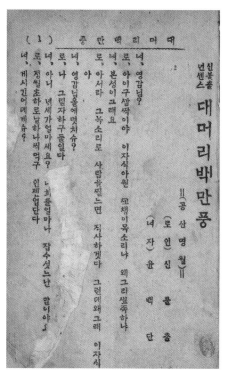

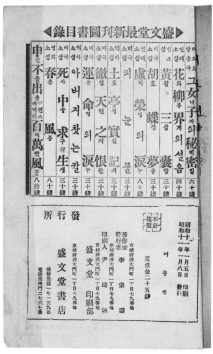

간행일자 추정 자료

가요집歌謠集

『남훈태평가』

최창선, 신문관, 1913.3.3

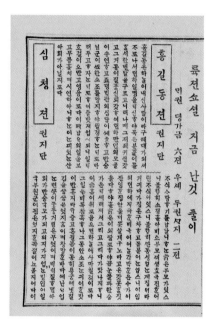

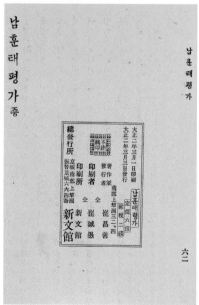

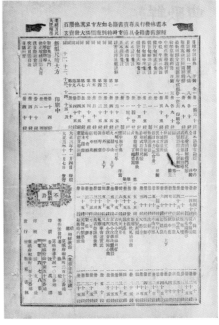

『정선精選 조선가곡朝鮮歌曲』
지송욱, 신구서림, 1914.11.7

오래된 근대, 딱지본의 책그림

『무쌍신구잡가無雙新舊雜歌』

홍순필, 조선도서, 박문서관,
1925.11.10

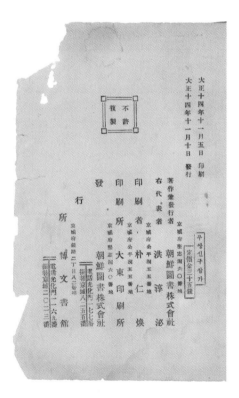

『신구잡가新舊雜歌』
최석정, 신구서림, 1927.9.25

오래된 근대, 딱지본의 책그림

『신찬新撰 고금잡가古今雜歌』

김동진, 덕흥서림, 1928.11.13(七)

(초=1916.2.5)

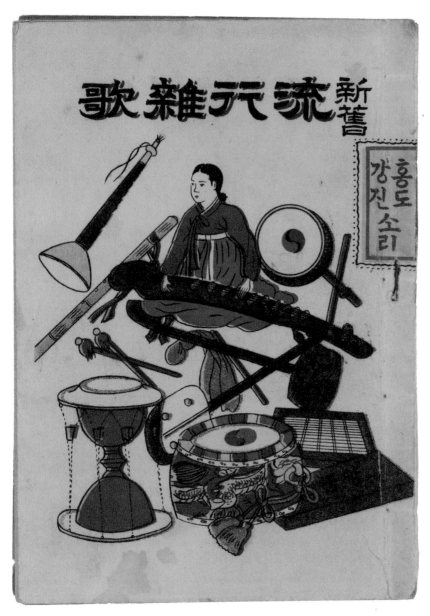

『신구新舊 유행잡가流行雜歌』

강하형, 태화서관, 1945.10.25(재)

(초=1928.10.18)

『신민요걸작집新民謠傑作集』

문우당 (해방 직후 추정)

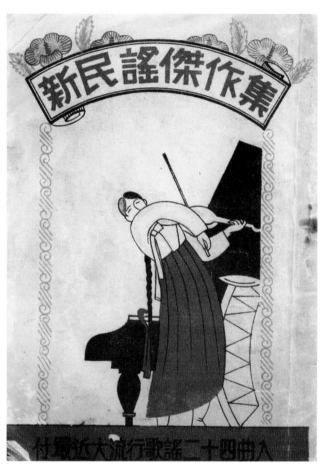

『남녀병창유행창가男女竝唱流行唱歌』

태화서관, 1946.5.20

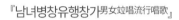

기타

『정정주해訂正註解 박보博譜』

이종정, 태화서관, 1933.6.29(재)

(초=1930.5.15)

『만사비결 관성제군점서關聖帝君占書』

김동진, 덕흥서림, 1931.12.25

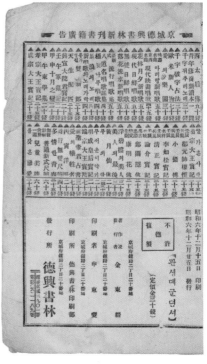

오래된 근대, 딱지본의 책그림

오래된 근대, 딱지본의 책그림

1950년대
이후의
딱지본

소설小說

『B.B.자유부인自由夫人』(一名 : 사랑에 취한 여자)

세창서관, 1957.12.30

『가인佳人의 일생一生』

(서지사항 미상)

『강릉추월江陵秋月』

영화출판사, 1971.10.20

『강릉추월江陵秋月』

향민사, 1971.12.10

『강릉추월江陵秋月』

세창서관, 1952.8.30

오래된 근대, 딱지본의 책그림

『강명화康明花의 애사哀死』
세창서관 (간행일자 미상)

『강명화康明花의 죽음』
영화출판사 (간행일자 미상)

『강태공전姜太公傳』
세창서관, 1952.1.5

『검사檢事와 여선생女先生』

향민사, 1962.10.30

『견우직녀牽牛織女』

세창서관, 1952.12.30

『괴물怪物의 조화造化』

(서지사항 미상)

『구운몽九雲夢』(상하합편)

(서지사항 미상)

『그 여자女子의 애정愛情』

세창서관 (간행일자 미상)

『금낭이산錦囊二山』

영창서관 (간행일자 미상)

『금방울전』

세창서관, 1960년 추정

(간행일자 미상)

『김인향전金仁香傳』

김인성金性, 공동문화사,

1954.10.10

『남편 대신 옥에 갇힌 아내』

대조사, 1960.1.10

『남편男便 찾아 만주滿洲』

세창서관, 1961.12.30

『눈물 겨운 사랑』

대조사, 1956.3.30

『능라도陵羅島』

향민사, 1972.9.15

『능라도陵羅島』

세창서관 (간행일자 미상)

『능라도陵羅島』

세창서관 (간행일자 미상)

『능라도陵羅島』

세창서관, 1957.12.30

『능라도陵羅島』

향민사, 1978.9.5

『대성용문전大成龍門傳』

세창서관, 1952.8.30

『대월서상기待月西廂記』

세창서관, 1961.12.30

오래된 근대, 딱지본의 책그림

『돌아온 딸』

세창서관 (간행일자 미상)

『돌아온 딸』

(서지사항 미상)

『동물動物들의 잔치』

(서지사항 미상)

『동정同情의 미인美人』

세창서관 (간행일자 미상)

『두껍전』(一名 : 섬동지전蟾同知傳)

세창서관 (간행일자 미상)

『뜨거운 애정愛情』

세창서관, 1957.12.30

오래된 근대, 딱지본의 책그림

『마적馬賊과 처녀處女』

세창서관, 1952.12.30

『만월대滿月台』

열재悅齋(이해조), 영화출판사

(간행일자 미상)

『만주滿洲의 혈루血淚』

세창서관, 1957.12.30

『며느리의 죽음』

세창서관, 1961.12.30

『모란병牡丹屛』

강근형, 영화출판사, 1958.10.20

『무정無情한 미인美人』

세창서관 (간행일자 미상)

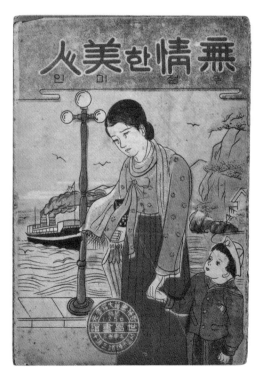

『절세미인도絶世美人圖』

향민사, 1964.10.30

『방산월芳山月』

세창서관, 1952.12.30

『방산월芳山月』

세창서관, 1961.12.30

『방화수류정訪花隨柳亭』

세창서관, 1962.12.30

『배비장전裵將傳』

세창서관 (간행일자 미상)

오래된 근대, 딱지본의 책그림

『백의인白衣人의 눈물淚』

세창서관, 1952.12.30

『변심變心한 여인女人』

대조사, 1959.12.1

『북간도北間島의 루淚』

세창서관, 1952.12.30

『불로초不老草』
세창서관 (간행일자 미상)

『사각전謝角傳』
세창서관, 1952.12.30

『사랑에 속고 돈에 울고』
세창서관, 1952.12.30

오래된 근대, 딱지본의 책그림

『사명당전四溟堂傳』

세창서관 (간행일자 미상)

『사씨남정기謝氏南征記』

세창서관, 1952.1.5

『세종대왕실기世宗大王實記』

세창서관, 1952.12.30

『소학사전蘇學士傳』

영화출판사, 1959.10.20

『송죽松竹』

세창서관, 1962.12.30

『송죽松竹』

세창서관, 1952.12.30

오래된 근대, 딱지본의 책그림

『숙영낭자전淑英娘子傳』

세창서관, 1952.12.30

『숙향전淑香傳』

세창서관, 1952.12.30

『승방애화僧房哀花』

세창서관 (간행일자 미상)

『승방僧房의 루淚』
세창서관, 1962.12.30

『아내의 도술』
대조사, 1960.1.10

『아버지의 원수』
(서지사항 미상)

『악마惡魔의 루淚』
세창서관 (간행일자 미상)

『안雁의 성聲』
(서지사항 미상)

『여자충효록女子忠孝錄』
세창서관, 1952.12.30

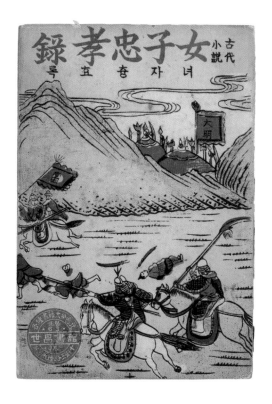

『여장군전女將軍傳』

세창서관 (간행일자 미상)

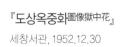

『여중호걸女中豪傑』

세창서관, 1952.12.30

『도상옥중화圖像獄中花』

세창서관, 1952.12.30

오래된 근대, 딱지본의 책그림

『옥낭자玉娘子』

세창서관 (간행일자 미상)

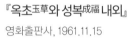

『옥초玉草와 성복成福 내외』

영화출판사, 1961.11.15

『왕장군전王將軍傳』

세창서관, 1961.12.30

『월봉산기月峰山記』(상하합편)

세창서관, 1961.12.30

『유곽遊廓의 루淚』

세창서관, 1952.12.30

『유곽遊廓의 루淚』

세창서관, 1952.12.30

『육효자전六孝子傳』

세창서관 (간행일자 미상)

『장학사전張學士傳』

세창서관, 1961.12.30

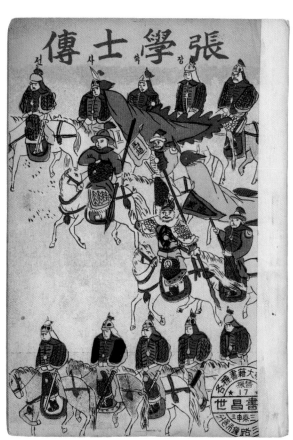

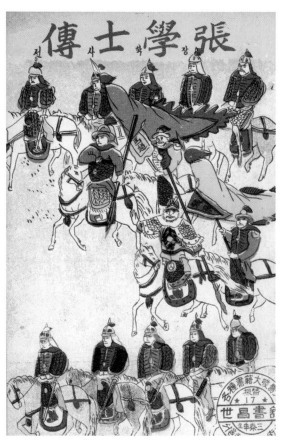

1950년대 이후의 딱지본

『장한몽長恨夢』(上)

강근형, 영화출판사, 1961.10.10

『장한몽長恨夢』(下)

강근형, 영화출판사, 1961.10.10

오래된 근대, 딱지본의 책그림

『장한몽長恨夢』
세창서관 (간행일자 미상)

『장한몽長恨夢』
세창서관, 1952.12.30

1950년대 이후의 딱지본

『장화홍련전薔花紅蓮傳』

향민사, 1978.9.5

『절처봉생絶處逢生』

세창서관, 1952.12.30

『절처봉생絶處逢生』

세창서관, 1952.12.30

오래된 근대, 딱지본의 책그림

『젊은이들의 꿈』

조정식曺貞植, 향민사, 1964.10.30

『정도령전鄭道令傳』

세창서관, 1962.12.30

『조웅전趙雄傳』

(서지사항 미상)

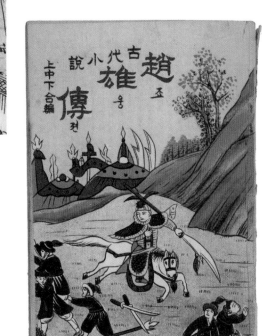

『죽었던 며느리』
대조사, 1960.1.10

『지상地上의 비극悲劇』
(一名 : 다시 돌아온 어머니)
세창서관 (간행일자 미상)

『참사랑은 이렇다』
영화출판사 (간행일자 미상)

『청춘青春의 보쌈』

세창서관, 1952.12.30

『초로인생草露人生』

영화출판사 (간행일자 미상)

『초패왕실기』

세창서관, 1962.12.30

『촌색시』

세창서관, 1957.12.30

『추월색秋月色』

향민사 (간행일자 미상)

『추풍감별곡秋風感別曲』

세창서관, 1952.12.30

오래된 근대, 딱지본의 책그림

『춘몽春夢』

세창서관, 1952.12.30

『춘몽春夢』

영화출판사, 1958.10.20

『춘몽春夢』

(간행일자 미상)

『춘향전春香傳』
영화출판사, 1958.10.20

『춘향전春香傳』
향민사, 1963.10.30

『팔장사전八壯士傳』(상하합부)
세창서관, 1962.12.30

오래된 근대, 딱지본의 책그림

『한양오백년가漢陽五百年歌』

세창서관, 1957.12.30

『현철賢哲한 아내』

세창서관, 1952.12.30

『홍경래실기洪景來實記』

세창서관, 1962.12.30

『홍길동전洪吉童傳』

세창서관 (간행일자 미상)

『홍길동전洪吉童傳』

영화출판사, 1957.10.20

오래된 근대, 딱지본의 책그림

『홍도紅桃의 일생一生』

영화출판사, 1961.10.10

『황금黃金의 몽夢』

세창서관, 1952.12.30

『황금黃金의 몽夢』

세창서관, 1952.12.30

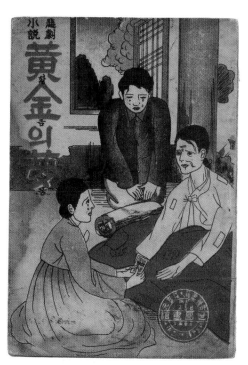

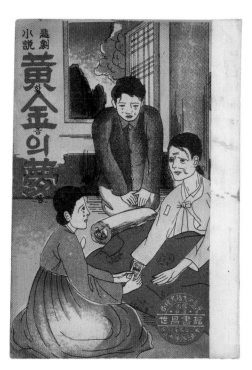

『황부인전黃夫人傳』
세창서관, 1952.12.30

『황장군전黃將軍傳』
세창서관, 1952.12.30

오래된 근대, 딱지본의 책그림

기타

『가정보감家庭寶鑑』
장영구張永九, 문창사, 1951.11.20

『대머리 백만풍』
일신사 (간행일자 미상)

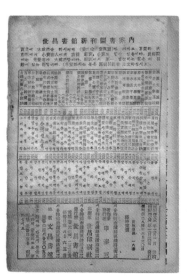

『깔깔웃음주머니』
세창서관, 1952.12.30

오래된 근대, 딱지본의 책그림

『덕수궁德壽宮의 비밀秘密』
선우훈鮮于燻, 세광출판사,
1956.2.12(三)

『신구가정편지투新舊家庭片紙套』
대조사, 1959.12.25

『신구가정편지투新舊家庭片紙套』
향민사 (간행일자 미상)

『시행가정척독時行家庭尺牘』
세창서관 (간행일자 미상)

『가정보감家庭寶鑑』
(서지사항 미상)

『(온갖것이) 가정요람』
(서지사항 미상)

『가정편지투』
명문당 (간행일자 미상)

오래된 근대, 딱지본의 책그림

『고금가요전집古今歌謠全集』
최민삼崔民三(편), 삼일문화사
(간행일자 미상)

『신고명가전집新古名歌全集』
박시춘朴是春(편), 대동사, 1959.12.20

오래된 근대, 딱지본의 책그림

해제

오래된 근대,
딱지본의 매혹

유석환(성균관대학교)

딱지본이란 무엇인가?

20세기의 시작과 더불어 역사의 무대에 등장한 딱지본은 그 등장 때부터 언제나 가장 대중적인 문자문화의 양식으로서 회자되어 왔다. 딱지본에 대해 관심을 기울여 본 사람이라면 누구나 남녀노소, 지위고하를 막론한 딱지본의 광범위한 문화적 영향력을 인정하지 않을 수 없었다. 그러나 동시에 딱지본은 수많은 사람의 입에 오르내리는 동안 노골적인 비하와 경멸도 감수해야만 했다. 딱지본을 언급할 때면 으레 타락한 자본주의 문화의 전형 내지 근대성의 미달이라는 꼬리표가 따라다녔다.

그러나 이러한 단정적인 평가와 다르게 딱지본의 역사성을 제대로 포착하는 일은 쉽지 않다. 무엇보다 연구자들 사이에서 딱지본에 대한 용어의 통일이 좀처럼 이루어지지 않고 있는 사정이 그와 무관하지 않을 것이다. 이야기책, 육전소설을 비롯하여 구활자본 고전소설(고소설), 신활자본 고전소설(고소설), 아예 신구를 뺀 활자본 고전소설(고소설) 내지 활판본 고전소설(고소설), 딱지본 대중소설, 딱지본 신소설 등등 딱지본에 많은 관심을 기울여 왔던 문학 연구자들은 소설과 인쇄술 용어의 조합에 시간 개념을 부여해 딱지본의 학술적 표현을 양산해 왔다. 딱지본 연구를 진행하면 할수록 용어가 수렴되지 못하고 양산되었던 사실은 달리 생각하면 딱지본에 대한 기존의 평가가 딱지본의 역사성을 지나치게 단순화했던 문제를 드러내는 것이라고 볼 수 있다. 잘 알고 있다고 생각했는데 막상 들여다보면 아는 게 그렇게 많지도 않은 것이 바로 딱지본이었던 셈이다.

이처럼 딱지본의 역사성을 단순화했던 딱지본의 통념은 딱지본이 한창 성행하고 있었던 1920년대를 통과하며 형성되었다. 당시에 딱지본에 대한 이해를 가장 잘 보여주는 김기진의 「대중소설론」(『동아일보』, 1929.04.14~20, 전7회)은 그 결과물이라 할 수 있다. 따라서 딱지본 연구자들 사이에서 빈번하게 인용되고 있는 그의 문장을 실마리 삼아 20세기 전반기를 수놓았던 딱지본의 세계를 다시 들여다보는 것도 나쁘지 않을 듯싶다.

재래의 소위 '이야기'책이라는 『옥루몽』, 『구운몽』, 『춘향전』, 『조웅전』, 『유충렬전』, 『심청전』 같은 것은 연연히 수만 권씩 출간되고 이것들 외에도 『추월색』이니 『강상루』니 『재봉춘』이니 하는 이십 전, 삼십 전 하는 소설책이 십여 판씩 중판을 거듭하여 오되 이것들은 모두 통속소설의 권내에도 참석하지 못하여 왔다. 이것들 울긋불긋한 표지에 사호활자로 인쇄한 백 쪽 내외의 소설은 '고담책(古談冊)', '이야기책'의 대명사를 받아가지고 문학의 권외에 멀리 쫓기어 온 것이 사실이다. 그러나 신문지에서 길러낸 문예의 사도들의 통속소설

보다도 이것들 '이야기책'이 훨씬 더 놀라울 만큼 비교할 수도 없게 대중 속으로 전파되어 있는 것도 또한 사실이다.[1]

보다시피 딱지본의 별칭을 포함하여 딱지본에 대한 이중적인 평가, 그러니까 딱지본의 대중성을 고평하면서도 그것은 소설도 아니라는 식의 판단이 김기진의 글에서도 뚜렷하다. 그런데 그의 글 제목이 '대중소설론'이라 그랬는지 모르겠지만, 김기진은 딱지본을 소설책을 중심으로 이해했다. 이러한 이해방식은 오늘날의 문학연구자들에게서도 쉽게 찾아볼 수 있다. 그러나 딱지본에는 소설책만 있었던 것은 아니었다. 『가정간독』, 『시문척독』, 『가정보감』과 같은 실용서나 『조선가곡』, 『신구유행잡가』 등의 노래책, 『정정주해 박보訂正註解博譜』와 같은 취미류의 책도 존재했다. 즉 딱지본은 20세기 전반기에 유행했던 대중서의 물질적 양식이었다.

김기진은 그 물질적 양식의 특징을 "울긋불긋한 표지에 사호활자로 인쇄"되었다는 말로 요약했다. 그런 표현은 당대에 흔히 사용된 딱지본의 수식어였다. 사실 딱지본이라는 말 자체도 그와 같이 특유한 책의 장정 방식에서 유래되었다고 보는 견해가 일반적이다. 말하자면, 울긋불긋하게 꾸며진 책의 표지가 아이들의 장난감 중 하나인 다채로운 색상의 딱지와 닮아서 딱지본이라고 불리게 되었다는 것이다.[2] 확실히 딱지본은 학술용어로서의 엄정함이 부족하다. 하지만 유사한 물질적 양식을 갖고 있는 일군의 대중서를 한순간에 상기시켜주는 데는 딱지본만한 용어도 없다는 점 또한 분명하다.

그런데 딱지본의 물질적·외형적 특징은 단지 책 표지에만 국한되지 않는다. "사호활자"라고 김기진이 지적했듯이 딱지본 제작에는 4호활자가 선호되었다. 4.6mm 크기의 4호활자는 1884년 도쿄 츠키지築地 활판제조소에서 만들어졌는데, 한국에서는 1886년에 창간된 『한성주보』에 처음 사용되어 이른바 '한성체'라고 알려진 활자이다. 4호활자는 초기 성경번역자로 잘 알려진 이수정의 서체를 바탕으로 제작된 해서체 활자로서 근대의 납활자 중에서 가장 많이 사용된 활자 중 하나였다.[3]

딱지본의 판형도 표지의 장정이나 활자처럼 일정한 경향성을 보인다. 근대에 책을 출판할 때 주로 사용된 판형은 네 가지 정도였다. 4·6판(128×188mm)과 이것보다 조금 크게 제작된 일종의 4·6판의 변형판(136×200mm), 그리고 신국판(152×223mm)과 국판(148×210mm)이 그것이다. 딱지본의 출판에는 그 네 가지 판형이 모두 사용되었다. 하지만 책의 종류에 따라 판형에 대한 선호도의 차이가 존재했다. 이를테면, 소설책 출판에는 국판 계열보다는 4·6판 계열의 판형이 더 많이 사용되었다. 4·6판 계열에서도 신소설의 출판에는 4·6판이, 고소설의 출판에는 4·6판의 변형판이 더 많이 사용되었다. 국판 계열의 판형은 실용서를 비롯하여 한문이나 한문 위주의 국한문체 비중이 높은 소설책 출판에 사용되었다.[4]

김기진은 딱지본의 가격을 20전 내지 30전이라고 말했는데, 딱지본의 가격은 그 수준보다 더 낮을 때도, 그 수준보다 훨씬 더 높을 때도 있었다. 상황에 따라 유동적이

1   김기진, 「대중소설론 (1)」, 『동아일보』, 1929.4.14, 3면.
2   소재영 외, 『한국의 딱지본』, 범우사, 1996, 11쪽.
3   류현국, 『한글활자의 탄생 : 1820~1945』, 홍시, 2015, 178~187쪽; 박천홍, 『활자와 근대』, 너머북스, 2018, 132~139쪽.
4   방효순, 「일제시대 민간 서적발행활동의 구조적 특성에 관한 연구」, 이화여대 박사논문, 2000, 140~148쪽.

었던 딱지본의 가격을 좌우했던 요인 중 하나는 분량이었다. 당연히 가격은 분량이 많을수록 높아졌고, 분량이 적을수록 낮아졌다.[5] 하지만 책에 기입된 정가는 명목상의 가격일 뿐이었고, 실제 판매가는 정가보다 더 낮았던 경우가 잦았다. 정가의 70%까지도 할인한다는 문구를 딱지본 광고에서 찾아보는 일은 어렵지 않기 때문이다. 사실 딱지본을 둘러싸고 벌어진 출판사들 간의 출혈경쟁은 딱지본 출판의 일상과도 같았다.[6] 따라서 그것은 다른 한편으로는 정가 자체를 일부러 비싸게 책정한 후 할인 폭을 크게 제시함으로써 소비자의 구매를 한층 더 자극하려 했던 출판사의 상술일 가능성도 배제할 수 없다. 근대 출판문화의 한 획을 그었던 신문관에서는 아예 '육전소설六錢小說'이라는 이름 아래 6전이라는 파격적인 가격으로 딱지본을 판매했기 때문이다.

그런데 출판사들이 딱지본의 가격을 공격적으로 낮출 수 있었던 핵심적인 까닭은 저작권법의 관행 때문이었다. 1909년에 공포된 출판법과, 그 전 해인 1908년부터 시행되었던 저작권법 등은 책의 생산과 유통에 대한 근대적인 규범을 제공했다. 문제는 누가 그 규범이 보장하는 권리를 전유할 것인가, 곧 출판사와 작가의 알력이었다. 예나 지금이나 출판사의 압력을 거스를 만한 작가는 많지 않다. 더구나 딱지본의 주종을 이루었던 소설 분야에서도 출판사가 득세하기란 어렵지 않았다. 번역·번안에 대한 의심의 눈초리를 따갑게 받는 신소설이 대변하고 있는 것처럼 딱지본으로 출판된 근대적인 소설은 창조성보다는 모방성이 당연시되었기 때문에 작가의 창조적 권리를 주장할 만한 근거가 적었다. 그 결과 작가가 한 번의 경제적 보상을 받고 작품에 대한 모든 권리를 출판사에 양도하는 방식으로 양자 간의 출판 계약이 이루어지는 경우가 보통이었다. 딱지본 형태의 근대적인 소설 역시 저작권을 내세울 만한 작가가 아예 존재하지 않았던 고소설과 다를 바 없이 작가의 저작권이 출판사에 완전히 귀속되었던 것이다. 이런 관행 덕분에 출판사가 책을 자유롭게 변형하는 경우가 허다했고, 그 가격 또한 출판사의 뜻에 따라 조정할 수 있었다.

지금까지 이야기한 대로 딱지본은 일정한 외형적 조건을 통해 책 진열대에서 단번에 눈에 띄도록 제작된 근대의 대중서였다. 딱지본의 가격 또한 기꺼이 책을 사보려고 하는 사람에게 부담 없는 수준으로 책정되었다. 이는 열악한 사업 조건 속에서 한 권이라도 더 팔리기를 바라마지 않던 출판사들의 염원과 노력의 결과였다. 실제로 출판사들의 염원대로 딱지본은 박리다매 상품의 대명사가 되었다.

딱지본의 흥망성쇠

세상만사가 늘 그렇듯이 시작이 있으면 끝이 있기 마련이다. 호시절도 한때다. 딱지본도 예외는 아니었다. 다만 딱지본 연구가 소설을 중심으로 이루어져 왔기 때문에 이 글에서도 소설을 중심으로 딱지본의 흥망을 살펴보고자 한다.[7]

---

5 이주영, 『구활자본 고전소설 연구』, 월인, 1998, 130~137쪽; 최호석, 『활자본 고전소설의 기초 연구』, 보고사, 2017, 179~185쪽.
6 이주영, 『구활자본 고전소설 연구』, 월인, 1998, 136~137쪽; 한기형, 「1910년대 신소설에 미친 출판·유통 환경의 영향」, 『한국 근대소설사의 시각』, 소명출판, 1999, 238~243쪽; 방효순, 「일제시대 민간 서적발행활동의 구조적 특성에 관한 연구」, 이화여대 박사논문, 2000, 78~81쪽.
7 딱지본 소설의 출판 규모를 가늠하는 데 도움을 주는 연구로는 한기형,

널리 알려진 대로 최초의 신소설인 이인직의 『혈의루』는 신문을 통해 태어났다. 『혈의루』는 1906년 7월 22일부터 같은 해 10월 10일까지 『만세보』에 연재된 후 1907년 3월에 광학서포에서 책으로 출판되었다. 이보다는 덜 알려진 사실인데, 현재까지 조사된 바에 따르면 근대 인쇄술로써 출판된 최초의 상업용 고소설은 1906년 1월에 박문사를 비롯한 7개의 출판사가 공동 발행한 『서상기』다.[8] 근대 인쇄술의 도입과 함께 책 시장이 본격적으로 활성화되기 시작했던 1900년대 후반기에 딱지본도 서서히 본모습을 보이기 시작했던 셈이다.

이렇게 20세기 초부터 역사의 무대에 등장했던 딱지본은 적어도 1970년대까지 그 출판이 이어졌다. 반세기를 훌쩍 넘는 딱지본 출판의 역사의 대미를 장식했던 출판사는 세창서관, 영화출판사, 향민사, 대조사 등이었다. 그중에서도 세창서관이 중심적이었다. 세창서관의 사주는 신태삼이었는데, 그는 근대의 대표적 출판사 중 하나였던 영창서관의 사주 강의영의 생질이었다. 강의영 밑에서 출판업을 배웠던 신태삼은 몇 종의 한문 입문서를 히트시키며 출판계에서 입지를 다졌다. 세창서관의 특이점은 1933년과 1935년에 『조웅전』과 『미남자의 눈물』을 출판하면서 딱지본의 세계에 입성했지만, 해방 이전보다는 해방 이후 시기에 딱지본, 그중에서도 고소설을 출판하는 데 유난히 큰 관심을 기울였다는 사실이다. 폐업할 때까지 세창서관은 딱지본 고소설을 300회 이상 발행했는데, 그중의 80%

이상이 해방 이후의 시기에 집중되었다. 한편, 가장 최근까지 딱지본을 출판했던 곳은 향민사였다. 현재까지 조사된 바에 따르면, 향민사에서 1978년 9월 5일에 발행되었던 『능라도』, 『장화홍련전』, 『박씨전』 등이 딱지본 역사의 대미를 장식한 작품들이었다.[9]

그렇다면 딱지본의 출판이 처음으로 융성했던 때는 언제일까? 1910년대가 바로 그때였다는 점에 대해서는 그 누구도 이견이 없다. 흥미로운 현상은 신소설이 유행한 후 고소설이 유행했다는 사실이다. 장르의 발생 순서대로 고소설 다음에 신소설이 유행하는 것이 자연스러울 같지만 실제 역사에서는 정반대의 사건이 일어났다. 더구나 이미 앞에서 지적했듯이 딱지본 고소설과 신소설의 첫 출판 시기가 별 차이가 없는데도 말이다.

신소설의 경우 1910년대에 발행된 신소설들 중 75% 이상이 1912~1914년에 집중 발행되었다.[10] 고소설의 경우 1910년대에 발행된 고소설들 중 72% 이상이 1915~1918년에 집중 발행되었다.[11] 이는 신소설을 상품화시키는 데 성공했던 출판사들이 그 후속으로 고소설에 눈을 돌린 결과였다. 1910년대에 신소설 출판의 융성을 주도했던 출판사는 신구서림, 동양서원, 유일서관, 박문서관, 보급서관, 회동서관, 광학서포 등이었고, 고소설의 주요 출판사는 신구서림, 회동서관, 박문서관, 덕흥서림, 대창서원, 영창서관, 유일서관 등이었다. 보는 바와 같이 딱

「1910년대 신소설에 미친 출판·유통 환경의 영향」, 『한국 근대소설사의 시각』, 소명출판, 1999; 강옥희, 「딱지본 대중소설의 형성과 전개」, 이영미 외, 『딱지본 대중소설의 발견』, 민속원, 2009; 구홍진, 「딱지본 소설의 출판문화 연구」, 부산대 석사논문, 2016; 최호석, 『활자본 고전소설의 기초 연구』, 보고사, 2017 등.

8　최호석, 『활자본 고전소설의 기초 연구』, 보고사, 2017, 22쪽.

9　강옥희, 「딱지본 대중소설의 형성과 전개」, 이영미 외, 『딱지본 대중소설의 발견』, 민속원, 2009, 20~27쪽; 박태일, 「대구 지역과 딱지본 출판의 전통」, 『현대문학이론연구』 66, 현대문학이론학회, 2016; 최호석, 『활자본 고전소설의 기초 연구』, 보고사, 2017, 25쪽과 171~174쪽.

10　한기형, 「1910년대 신소설에 미친 출판·유통 환경의 영향」, 『한국 근대소설사의 시각』, 소명출판, 1999, 224쪽.

11　최호석, 『활자본 고전소설의 기초 연구』, 보고사, 2017, 167쪽.

지본 신소설과 고소설의 주요 출판사들 중 반 이상이 신·구소설 할 것 없이 양자 모두를 출판하는 데 주력했다.

출판사도 기본적으로 기업인지라 출판사들이 앞다퉈 돈 벌이가 되는 책 출판에 열을 올리는 것은 자연스러운 일이다. 하지만 1910년대에 일어난 딱지본 출판의 융성에는 또 따른 사정이 깔려 있었다. 1910년에 일제가 한국을 강점하면서 실시한 '무단정치' 때문에 1910년대는 흔히 문화적 암흑기로 회자되어 왔다. 그도 그럴 것이 국권 피탈 직후에 단행된 대대적인 금서 처분 조치와 더불어 정기간행물, 특히 신문 발행에 대한 극단적인 억압이 가해졌기 때문이다.[12] 일제는 무엇보다 독립의식이 고취되지 못하도록 시사, 정치에 관한 인쇄매체의 생산과 유통을 최대한 억제했다. 그 때문에 가뜩이나 규모가 작은 책 시장에서 출판사들은 활동의 제약까지 감수해야 했다. 그때 출판사들이 찾은 활로 중 하나가 딱지본이었다. 즉 딱지본 출판의 활성화는 단지 돈 벌이의 목적 때문만은 아니었다. 딱지본 외에는 딱히 출판 가능한 책 자체가 적었던 책 시장의 구조가 출혈 경쟁이라는 말이 끊임없이 나올 정도로 출판사들이 딱지본 출판에 열을 올리게 만드는 데 한몫했던 것이다.

한편, 딱지본의 융성을 이해하는 데 있어서 주목해야 하는 또 하나의 요인이 있다. 바로 딱지본 유통의 특이성이다. 근대에 책은 영리를 목적한 서점을 중심으로 비영리 기관이었던 도서관이나 종람소(일종의 개인문고 내지 소규모 도서관) 등을 통해 유통되었다.[13] 유통기구의 상업성 여부와 상관없이 문제는 그런 유통기구 대부분이 대도시, 특히 서울에 집중되어 있었다는 사실이다. 이러한 유통기구의 지역적 편재성을 해결했던 것이 바로 통신판매였다. 교통·통신·금융 시스템이 발달하면서 활성화된 통신판매를 통해 많은 서점들이 상당한 수익을 올릴 수 있었다. 이를테면, 박문서관의 사주 노익형은 "통신판매가 나의 서점에서는 약 7할까지나" 된다고 말하며 통신판매를 출판업에서의 성공비결로 꼽기도 했다.[14] 이런 사정 때문에 신문사나 잡지사도 통신판매 전담부서를 설치해 책 시장에 참여하는 일이 다반사였다.

이처럼 일정한 지역에 위치한 유통기구 혹은 그것의 통신판매를 통한 것이 책의 일반적인 유통방식이었다. 딱지본 또한 그러한 유통방식을 따라 생산자에서 소비자의 손으로 이동했다. 그런데 딱지본의 경우에는 거기에다가 서적행상(책장수)의 존재를 고려하지 않으면 안 된다. 문헌상 16세기부터 존재가 확인되는 서적행상은 근대에 들어서 그 존재 가치가 없어졌다고 보는 것이 통설이다.[15] 그러나 적어도 딱지본의 역사에서는 그렇지 않다. 딱지본 출판의 황혼기였던 1970년대는 말할 것도 없고 그 이후까지, 심지어는 2000년대 들어서까지 그 존재가 확인되고 있다.[16] 당연히 딱지본이 성행했던 1910년대를 포함한 근대에는 서적행상이 활발히 활동하고 있었다. 실제로 당시 출판사·서점의 책 광고에서 서적행상을 모집하는 구인광고

12　정진석, 『언론조선총독부』, 커뮤니케이션북스, 2005, 63~66쪽; 장신, 「한국강점 전후 일제의 출판통제와 '51종 20만권 분서(焚書)사건'의 진상」, 『역사와 현실』 80, 한국역사연구회, 2011.

13　종람소에 관해서는 김봉희, 『한국 개화기 서적문화 연구』, 이화여대 출판부, 1999, 320~321쪽.

14　「백 원도 못되는 적은 자본으로, 통신판매가 성공의 비결」, 『매일신보』, 1936.5.14, 3면.

15　이민희, 「16~19세기 서적중개상과 소설·서적 유통 관계 연구」, 역락, 2007.

16　권미숙, 「20세기 중반 책장수를 통해본 활자본 고전소설의 유통 양상」, 『고전문학과 교육』 20, 한국고전문학교육학회, 2010.

문구도 종종 눈에 띈다.

흥미로운 사실은 서적행상이 단지 책만 팔았던 것이 아니라 조선시대의 전기수傳奇叟처럼 소설도 낭송했다는 것이다. 한설야는 문학청년 시절 밤마다 서울 대로에서 인상 깊게 봤던 그와 같은 서적행상을 다음과 같이 술회한 적이 있었다.

> 그것은 밤마다 큰 길 다리 아래에서 벌어졌다. 거기에는 허줄한 사나이가 가스등을 앞에 놓고 앉아 있으며 그 사나이는 무슨 책을 펴들고 고래고래 소리 높여 읽고 있었다. 그 사나이 앞 가스등 아래에도 그런 책들이 무질서하게 널려 있었다. 울긋불긋 악물스러운 빛깔로 그려진 서툰 그림을 그린 표지 우에 '신소설'이라고 박혀 있고 그 아래에 소설 제명이 보다 큰 글자로 박혀 있었다. 그 사나이는 이 소설을 팔러 나온 것이며 그리하여 밤마다 목청을 뽑아 가며 신소설을 낭송하고 있는 것이었다. 그리고 그 사나이의 주위에는 허줄하게 차린 사람들이 언제나 삥 둘러서 있었다.[17]

보는 바와 같이 서적행상은 딱지본을 유통하는 데 그어떤 유통기구보다도 적극적이었다. 딱지본 유통에서 차지하고 있는 서적행상의 역할을 1930년대의 주요 잡지사 중 하나였던 삼천리사의 조사기록에서는 다음과 같이 평가했다. "지금 조선에서 제일 많이 팔리는 책이 무엇이냐 하면 역시 옥편과 『춘향전』이다. …… 옥편이 1년간 2만 권,『춘향전』1년간 7만 권,『심청전』1년간 6만 권,『홍길동전』1년간 4만 5천 권, 잡가책 1년간 1만 5천 권 ……

이 책들은 어떤 기관을 통하여 흩어지는가 하면 오로지 시골 장거리에서 장터로 돌아다니며 파는 봇짐장사 1천 4,5백 명 손으로 판매되고 있다 한다."[18] 이 인용문에서 언급된 발행부수나 행상의 규모가 얼마나 정확한지는 현재 알 수 없지만 적어도 딱지본 유통에서 서적행상의 역할이 아주 중요했다는 점에 대해서는 의심의 여지가 없을 듯하다.

이처럼 전기수의 역할도 수행했던 전문 서적행상을 비롯하여 책과 함께 여러 물건을 짊어지고 전국의 장터를 떠돌던 행상들이 아니었다면, 근대에 딱지본이 과연 그렇게까지 유행할 수 있었을까? 이는 오늘날 딱지본을 다시 들여다볼 때 염두에 두어야 할 물음 중의 하나이다.

딱지본에 대한 새로운 관심을 기다리며

이제 두서없이 장황하게 꺼낸 지금까지의 이야기를 마무리할 때다. 이번에도 역시 이 글 서두에서 인용했던 김기진의 「대중소설론」에서 딱지본에 대한 또 다른 대목을 먼저 살펴보자.

> 그들이 이 따위 책을 사가는 심리는 (1) 울긋불긋한 그림 그린 표지에 호기심과 구매욕의 자극을 받고 (2) 호롱불 밑에서 목침 베고 들어 누워서 보기에도 눈이 아프지 않을 만큼 큰 활자로 인쇄된 까닭으로 호감을 갖고 (3) 정가가 싸서 그들의 경제력으로도 능히 1,2권 쯤은 일시에 사볼 수 있다는 것이 다시 구매욕을 자극하므로 드디어 그들은 그 책을 사가는 것

17 한설야, 「나의 인간 수업, 작가 수업」, 이기영 외, 『우리시대의 작가수업』, 역락, 2001, 27쪽.

18 「삼천리 기밀실」,『삼천리』7-5, 1935.6.1, 30쪽(인용문의 말줄임표는 인용자의 것).

이오. 사가지고 가서는 (4) 문장이 쉽고 고성대독(高聲大讀)하기에 적당하므로, 소위 그들의 '운치'가 있는 글이 그들을 매혹하는 까닭으로 애독하고 (5) 소위 재자가인의 운명애화가 그들의 눈물을 자아내고 부귀공명의 성공담이 그들로 하여금 참담한 그들의 현실로부터 그들을 우화등선케 하고 호색남녀를 중심으로 한 음담패설이 그들에게 성적 쾌감을 환기케 하여 책을 버릴래야 버리지 못하게 하므로 그들은 혼자서만 이 책을 보지 않고 이웃사촌까지 청하여다가 듣게 하면서 굽이굽이 꺾어가며 고성대독하는 것이다.[19]

김기진은 딱지본 소설의 내용과 형식뿐만 아니라 그것의 물질성까지 두루 검토하며 딱지본 소설이 왜 그렇게 엄청난 문화적 영향력을 행사하는지에 대해 고민했다. 김기진의 「대중소설론」이 발표된 때는 1929년 4월이었는데, 그때는 근대소설이 책 시장에서 바야흐로 자신의 입지를 확보하고 있었던 무렵이었다. 딱지본 소설에 투하되는 인적, 물적 자원과는 비교할 수 없을 정도의 투자가 근대소설의 생산에 이루어지는데, 그 어떤 근대소설도 딱지본 소설만큼 대중을 장악하지 못하고 있다는 점이 김기진의 고민거리였다. 앞에서 인용했던 삼천리사의 조사기록에 근거해 말하면, 책으로 발행된 근대소설 전체의 발행부수를 합해도 『춘향전』 한 종의 발행부수에도 미치지 못하는 현실에 김기진은 통탄하지 않을 수 없었던 것이다.

오늘날 우리는 딱지본에 대해 김기진보다 더 많은 지식과 정보를 가지고 있다. 그럼에도 불구하고 김기진이 고민했던 딱지본의 대중성에 대한 이해는 여전히 김기진의 문제의식 이상을 벗어나지 못하고 있는 것 같다. 「대중소설

론」을 집필하던 당시에 김기진은 당연히 몰랐던 사실인데, 어째서 딱지본은 반세기 이상 동안이나 그 생명력을 유지할 수 있었을까?

흥미롭게도 딱지본은 명백히 근대의 산물인데도 불구하고 딱지본에 대해서는 늘 근대적이지 않다는 오명이 따라붙었다. 사실 딱지본의 상당수가 고소설이었다. 임화는 "신소설의 독자층이란 것이 대부분 구소설의 독자들이었다는 사실"을 환기하면서 "구소설을 읽던 습관의 연장"에서 향유되고 있다고 비판한 바 있었다.[20] 이미 앞에서도 언급했던 전기수와 같은 역할을 수행한 딱지본의 전문 서적 행상, 또 그와 같은 행상들이 주도했던 딱지본의 유통 등등 딱지본은 근대에 태어났으면서도 그것에는 전근대를 상상하게 만드는 요소가 적지 않다. 근대의 산물이면서도 근대적이지 않아 보이는 것, 마치 오래된 근대와도 같은 그 점이 실은 딱지본의 오명이 아니라 그 매혹의 본질은 아닐까? 이런 물음을 던지며 딱지본에 대한 새로운 연구를 기다린다.

19   김기진, 「대중소설론 (4)」, 『동아일보』, 1929.4.17, 4면.

20   임화, 「개설 신문학사」, 『조선일보』, 1940.2.10(임규찬·한진일 편, 『임화 신문학사』, 한길사, 1993, 168쪽).

딱지본 소설책의
표지 디자인

서유리(서울대학교 강사)

들어가며

책의 표지는 비본질적인 것으로 여겨진다. 책의 선택에 결정적 기준도 아니며, 일단 구매된 뒤에는 잘 의식되지도 않는다. 이러한 비본질적인 성격에도 불구하고, 오늘날의 책들은 반드시 표지 디자인을 가지고 서점의 판매대에서 선택을 기다려야만 한다. 책이 임의의 대중을 구매자로 삼는 상품이 되면서 생겨난 현상이다.

한국에서 상업적인 책표지 디자인이 등장한 것은 근대적 활판 인쇄술이 도입된 이후 20세기 초의 딱지본 소설책에서였다. 딱지본 소설책은 표지에 다색 인쇄된 이미지를 싣고 신식 연활자로 인쇄한 소설책으로, 폭넓은 독자층과 다량의 판매부수를 자랑했던 근대기를 대표하는 대중적 출판물이었다. 그렇기에 딱지본 소설책의 표지 디자인을 살펴보는 작업은 근대기 대중들의 시감각과 직접적으로 소통했던 이미지들을 살펴보는 작업이다. 딱지본 소설책은 어디서 누구나 흔하게 볼 수 있는 대중적 독서상품이

었다. 일상적인 시각 문화사를 구성하는데 있어서 대중상품의 이미지는 가장 중요한 지표이다.

딱지본 소설책의 표지는 크게 나누어 1900년대 말에서 1910년대를 하나의 시기로, 1920년대와 30년대를 따로 묶어서 두 시기로 살펴볼 수 있다. 1910년대 딱지본 소설책의 표지는 조선시대 회화의 전통적 양식을 따른 예들이 많았지만, 1920-30년대로 가면서 전통적 양식은 약화된다. 신여성이 등장하는가 하면 클로즈업을 통해 주인공에 심정적 동일시를 유도하는 화면구성이 시도되기도 한다. 이러한 시대적 변화를 따라가면서 근대기 딱지본 소설책 표지 디자인의 특징과 의의를 살펴보도록 하겠다.[1]

1. 이야기로의 유혹 : 1910년대 표지 디자인

책표지의 일차적 기능은 문자가 담기는 책의 내부를 보호하는 것이다. 조선시대의 제본 형식은 뺄 것도 더할 것도 없이 제 기능에 충실한 책표지의 역할을 잘 보여준다. 표지는 소박간략한 자기보호의 기능에 더해 제목만을 알려줄 뿐 책을 집어들 임의의 대중을 향한 어떤 말이나 행동도 하지 않는다. 그러므로 1908년경, 표지 전면에 이미지를 인쇄한 책이 등장했을 때, 그것은 이전까지 경험할 수 없었던 새로운 형식이었다. 그림이 표지에 그려진 책. 책이라는 물질적 체재나 회화라는 이미지의 평면 형식은

---

1 이 글은 필자의 논문 「딱지본 소설책의 표지 디자인 연구」(『한국근현대미술사학』 20집, 2009)를 요약하고 수정한 글임을 밝혀둔다. 본문에 논의되는 표지는 대부분 국립중앙도서관 소장본이자 초판본들을 대상으로 했다. 이 자료집에 실린 표지들과 국립중앙도서관 디지털데이터베이스를 참고하시길 권한다.

각각 전혀 새로운 것이 아니지만, 그 양자가 결합하는 방식, 즉 이미지가 책 자체를 지시하는 배치는 새로웠다.

예를 들어, 신소설『홍도화紅桃花』(1908)에서 이도영이 그린 표지의 그림은 문자와 더불어 하나의 시각적 전체를 구성하여, 독자를 향한 어떤 행위를 하게 된다(그림 1). 그것은 책이 줄 수 있는 쾌락과 가치를 압축하여 제시하고, 다른 책들로부터 스스로를 구별하여 차이 짓고, 구매자로 하여금 선택하도록 부추긴다. 말하자면, 책의 표지 이미지는 하나의 상표와도 같다. 상표는 이미지를 사물에 부착하여 다른 상표의 사물과 구분할 뿐만 아니라, 이미지 자체를 사물의 본질적 특질이자 개성으로 만들어낸다. 표지의

그림 1 『홍도화』, 이도영 그림, 유일서관, 1908

이미지는 이 책을 소설로 구분한 뒤, 이미지가 암시하는 이야기의 즐거움으로 전환시켜 독자를 유혹한다. 이처럼 시각적 이미지를 사물과 결합시켜 상징적 기호로 판매하는 것은 자본주의적 근대의 관습이다.

1900년대 후반에는 보통교육의 실시로 교과서가 발행되었으며,『소년』,『교육월보』를 비롯한 대중교육용 잡지가 출간되기 시작했다. 계몽담론에 자극받은 출판업자들은 시장의 상업적 성공 또한 기대하면서 소설책을 발행했다. 근대초기 여러 인쇄물들 가운데 표지를 가장 적극적으로 디자인했던 종류는 소설책이었다. 잡지에도 이미지가 있었으나 그 수는 적었고, 단색 혹은 2도의 색채를 사용한 단순한 이미지가 대부분이었다. 반면, 같은 시기 소설책은 다색으로 인쇄된 재현적인 회화를 표지 전면에 제시했다. 이미지를 선사함으로써 출판업자들은 독자를 사로잡으려 했던 것이다.

본격적으로 발행되기 시작한 1910년대 딱지본 소설책 표지의 가장 중요한 특징은 전통적인 회화의 시점과 구도, 기법과 양식을 차용하여 표지 전면을 한 폭의 그림으로 구성하고 있다는 점이다. 이 사실은 흥미로운 점이다. 시각적 양식style의 삶과 죽음, 지속과 단절에 주목할 때, 조선시대 회화의 양식적 특징이 근대기에 어떤 방식으로 존재했는지, 그 생명력이 단절되었는지는 중요한 질문거리이다. 이때 대답으로 제시될 대표적인 예가 딱지본 표지 디자인이다. 전통화법은 쇄도하는 서양의 시각적 형식들 속에서 오로지 조선미술전람회의 동양화 부분이라는 고급 미술의 영역에서만 겨우 유지되었던 것이 아니라, 가장 많은 부수로 발행되었던 대중소설의 표지에 폭넓게 선호되었던 양식이었다. 전통적인 것이 근대기에 대중적

취향을 만족시키는 시각적 기호로 널리 사용되었다는 사실은, 첨단의 서구적인 디자인 양식이 지식인층을 대상으로 한 잡지나 번역서, 단행본의 표지에 선택되었던 사실과 대조를 이루면서 근대기의 시각적 관습을 읽어낼 단초를 제시한다.

딱지본 소설책에서 가장 많이 사용되었던 표지 구성의 방식은, 부감俯瞰의 시점으로 내려다 보면서 가옥과 산세를 배치한 이야기 공간을 구성해 내는

그림 2 『진장군전』, 대창서관, 1916　　　　　그림 3 『숙영낭자전』, 신구서림, 1915

것이다. 이러한 시점과 배치 방식은 조선시대의 『삼강행실도』의 삽화에서 살펴볼 수 있는 전통적인 방식이다. 예를 들어서 『구의산』(1912)이나 『명월정』(1912)은 산수풍경과 전통가옥을 표지 전면에 한 폭의 그림으로 그려놓았다. 남성독자들이 좋아했을 『진장군전』(1913)과 같은 군담소설의 표지에는 군사들이 적병을 소탕하는 장면이 산세나 성벽을 배경으로 부감시나 조감시로 그려지곤 했다(그림 2). 『강릉추월 옥소전』(1917)이나 『옥단춘전』(1916)은 가옥 내부와 외부를 위로부터 조망하며 인물의 움직임과 사건의 장면을 그려 내고 있다. 이러한 부감의 시점은 사건이 벌어지는 시공간 전체를 한눈에 압축하여 이야기 전체를 상기시키고 공간 속으로 유인하는 효과가 있다.

이야기 속 사건의 결정적인 한 장면에 보다 주목하는 구성도 있다. 예를 들어 『숙영낭자전』(1915)은 독자들이 쾌감을 느끼며 거듭 읽었을 결정적인 결말의 순간, 즉 숙

영낭자가 장원급제하여 돌아온 낭군의 손에 의해 되살아나는 장면을 그리고 있으며(그림 3), 『옥단춘전』은 암행어사로 정체를 밝힌 주인공이 평양 연광정에 나타나 악인을 처벌하는 치죄의 장면을 그려내고 있다. 그러나 극적 절정기에 집중하는 경우라 해도 가옥과 산세 배경이 완전히 삭제되지는 않고 있다. 이야기 공간 전체를 암시하는 부감시적 구성이 완전히 버려지지는 않았던 것이다.

이를 보면, 딱지본 소설책의 표지에 기대되었던 역할은 이야기로의 유혹이라고 말할 수 있겠다. 표지화는 사각 형태를 회화의 프레임으로 삼아서 하나의 공간을 만들어내는데, 이 공간은 이야기 속 특정한 사건을 재현하는 공간이기도 하지만, 동시에 소설의 이야기 전체를 압축적으로 암시하여 독자를 소설로 이끄는 상징적 공간의 역할을 한다. 표지의 이미지는 이야기가 품은 아기자기한 재미, 그 과정에서 느끼게 될 감정적 자극을 암시하여 이야기의 긴

그림 4 『박연폭포』, 이도영 그림, 유일서관, 1913   그림 5 『원앙도』, 운령(雲嶺) 그림, 보급서관, 1912   그림 6 『심청전』, 신문관, 1913

통로 속으로 끌어들이는 입구이자 길잡이의 역할을 하는 것이다.

이야기로 이끄는 구성에 더하여, 전통 산수화의 수지법樹枝法이나 준법皴法이 잘 구사된 예들이 많았다. 농묵에 미점이 인상적인 『박연폭포』(1913)(그림 4)나 피마준披麻皴에 태점苔點을 구사한 『금강문』(1915, 재판본), 능숙한 하엽준荷葉皴이 두드러지는 『공산명월』(1916)은 표지화를 그린 작가의 훈련받은 작화기술을 잘 보여준다. 비교적 필치가 거친 『쌍옥적』(1917)의 경우는 정통양식을 구사하지 않더라도 준법이나 수지법을 의식하고 있었다.

장르 면에서 전통적인 요소들을 이어간 예들도 있다. 피리부는 신선과 운무속의 선녀를 그려넣은 『옥소기연』(1915), 『구운몽』(1916)은 도석화道釋畵의 전통을, 모란과 나비를 고즈넉하게 그려넣은 『화원호접』(1913)과 원앙 한쌍을 배치한 『원앙도』(1913)는 수준높은 화조화花鳥畵의 계보를 잇고 있다(그림 5). 많은 딱지본 소설책들이 전통화법으로 표지를 구성했고 여기에는 산수화의 준법과 수지법, 행실도류의 부감시, 화조화, 도석화의 양식들이 거의 그대로 사용되었던 것이다.

서양화법을 사용한 표지화도 많지는 않지만 존재했다. 대표적인 것이 베스트셀러였던 최찬식의 신소설 『추월색』(1912)이다. 표지에는 두 주인공이 우여곡절 끝에 대면하게 되는 소설 첫 장면의 배경인 일본 동경의 상야上野 공원의 불인지不忍池 관월교觀月橋가 서양식 투시법에 맞추어 그려져 있다. 때로 주인공의 감정적 상태를 중심에 둔 예들도 흥미롭다. 예를 들어 『빈상설』(1911)과 『추풍감수록』(1912)은 주인공의 비애와 슬픔이라는 심정적 동요를 크게 강조하고 있는 것이다. 신소설이라는 사실이 이러한 구성의 이유가 될 수 있을 것이다.

대부분의 딱지본 소설책의 표지들이 전통화법을 사용

오래된 근대, 딱지본의 책그림

하여 이야기 공간을 제시하는 방식을 취했지만, 1912~13년 사이에는 보다 단순한 장식적 요소로 표지를 디자인한 예가 있었다. 이 경우 그림값이나 인쇄비용이 적게 들었을 것이고, 출판사를 인지시키기에도 유용했을 것이다. 그러한 예의 하나는 신문관의 육전소설의 표지이다(그림 6). 이 표지는 1901년 미국에서 발행된 롱펠로루 시집의 표지와 똑같다. 다른 하나는 중국의 출판물 표지에서 영향을 받은 것으로 생각되는 간략한 장식디자인의 예이다. 두 방식은 대중적 인기가 적었던 것 같다. 같은 소설이 재판될 경우에 그림을 싣는 표지로 변경해 버려서 1910년대 후반에는 장식적 표지가 사라지기 때문이다.[2]

딱지본 소설책의 표지 그림들은 같은 소설이라면 출판사가 달라도 공유되는 경향을 보였다. 또한 한번 정착, 공유된 표지 이미지는 재판 발행시 인쇄소나 발행사가 바뀌더라도 그 구성이 변경되는 경우가 거의 없었다. 주목되는 것은 재판이 이루어질 경우 구성은 동일하게 유지하지만 미세한 부분에서 그림이 변화하는 점이다. 초판의 그림이 판을 거듭해 모사되면서, 수준높은 준법이나 수지법이 사라지고, 먹선의 유연한 농담이 단조로운 선묘로 경직되며, 인쇄 색채가 자극적으로 변질되는 것이다. 따라서 1910년대의 초판본이 20~30년대에 판을 거듭할수록 그림의 전통 양식의 기호들은 사라지고 인쇄된 회화의 질이 거칠어지는 예들을 목격하게 된다.

표지화를 그린 화가들은 누구이며 어떤 경로로 표지화를 그리게 되었을까. 표지 디자인을 제작한 것이 분명히 확인되는 작가는 관재貫齋 이도영李道榮(1884~1933)이다. 그는 근대기 교과서 삽화와 잡지 표지 등을 활발하게 제작했을 뿐만 아니라, 『홍도화』를 비롯하여 『옥중가인』, 『옥중화』(1911) 등 1910년대 딱지본 소설책의 표지들을 다수 그렸던 대표적인 인물이다.

당시의 화가들은 어느 정도는 인쇄소나 출판서점들과 관계를 가지고 있었던 것으로 추측된다. 이를테면, 김은호金殷鎬(1892~1979)는 1912년경 인쇄소 문아당文雅堂에서 일했던 경험을 회고한 바 있다.[3] 이외에도 "본관에서 고명한 화사와 우등인쇄한 사람을 사용하야 각종 석판물을 정밀히" 한다는 창화관天華館 광고가 보여주듯이,[4] 인쇄소를 통해서 초기 그래픽 디자인이라 할 만한 표지나 상표 관계의 일에 유, 무명 화가들이 관계했으리라 추측된다.

1910년대, 딱지본 소설책의 표지화를 그린 화가들은 표지의 상업적 역할을 고려하면서도 한 폭의 서화를 그린다는 화사畵師로서의 의식을 지녔을 것으로 추측된다. 주인을 정확히 알 수는 없으나 선명한 낙관落款(아호를 쓰고 도장을 날인하는 전통적 서명방식)이 제법 많은 표지화에 실려 있기 때문이다. '碧筆', '學田', '雲嶺', '爰玉' 등 초기 표지화에 찍힌 낙관의 존재를 보면, 이 시기 딱지본 소설책의 지위, 즉 그림으로서의 표지화와 문학으로서의 소설책의 지위가 상당히 높았음을 알게 된다. 그러나 이 낙관은 1920~30년대로 가면 출판사를 알리는 붉은 도장의 로고 디자인

---

2 국립중앙도서관에 소장된 장식적 디자인 13종 가운데 재판 되었던 6종은 그림 표지로 바뀌었다. 그러한 예로는 『공산명월』(1912, 박문서관 → 1916, 박문서관), 『백년한』(1913, 회동서관 → 1917, 회동서관), 『원앙도』(1913, 동양서관 → 1921, 박문서관), 『옥중금낭』(1913, 신구서림 → 1918, 신구서림), 『치악산』(1913, 동양서원 → 1919, 보문관), 『현미경』(1912, 동양서원 → 1918, 보문관). 이 가운데 『원앙도』, 『치악산』은 처음에 그림 표지였다가 장식표지로 바뀐 뒤 다시 그림표지로 변환된 예이다.

---

3 이구열, 『화단일경』, 동양출판사, 1968; 김은호, 『서화백년』, 중앙일보사, 1977.
4 『대한매일신보』, 1909. 9. 23.

에 가려지고 만다.

이도영의 낙관과 전서체 표제, 화조화가 어울려 아취를 풍기는 『옥중가인』(1914, 재판본)은 근대초기의 고급스러운 문화 상품이었다. 무엇보다도, 표지에 실렸던 그림들은 당대 화가들이 보여줄 수 있는 회화적 가능성의 상위에 속하는 것이었다. 즉, 낙관 찍힌 표지화는 조선시대라면 많은 '폐백幣帛'을 낼 재력과 감식능력을 소유한 이들만이 누릴 수 있는 이미지의 특성을 가지고 있었다. 이를 대량복제한 표지화의 등장은 전통적 서화 이미지의 계층적 제한을 풀어버린 결과를 만들어냈다.

2. 시각의 변화 : 1920년대～30년대의 표지디자인

근대적 문화상품으로서 딱지본 소설책이 1910년대에 지녔던 독보적인 지위는 1920년대로부터 30년대에 이르면 큰 변화를 겪게 된다. 문학과 미술의 담론이 형성되는 가운데 비평적 안목과 이념적 논쟁이 경합하면서 문화적 위계가 형성되었고, 딱지본의 표지 디자인과 그 소설적 품질은 낮은 것으로 평가되었다. "울긋불긋 악물스러운 빛깔로 그려진 서툰 그림"이라는 말은 30년대 딱지본 소설책의 수준을 평가하는 상투어였다. 아마도 이 시기에 '딱지본'이라는 말이 사용되기 시작했을 것으로 추측한다.

1920～30년대에 발행된 순수문학의 서적 표지와 딱지본 표지는 서로 구분되는 양식과 체재를 보여주었다. 순문학 책의 표지에는 담백한 선묘화들이 선호되었는데, 여기에 드러나는 재현적 묘사에 대한 냉담함과 색채에 대한 무관심은 딱지본 표지의 쾌락지향적인 상업성과 대조를 이루며 순수하고 비상업적인 정신성을 암시하는 것으로 여겨질 수 있었다.

그렇다면 1920～30년대의 딱지본 소설책들은 어떤 방식으로 독자대중들의 시각 및 정서와 소통했던 것일까? 내적 변화는 없었던 것일까? 이 시기 딱지본 소설책의 표지를 살필 때 주목되는 변화의 지점은 두 가지이다. 첫째는 도시의 여성독자층을 의식한 표지화의 등장이고, 둘째는 영화라는 새로운 매체와의 상호텍스트성이 감지되는 표지화의 등장이다.

여성이 주인공으로 표지에 등장하는 예가 많아진 것은, 새롭게 교육받은 도시의 여학생을 포함한 신여성의 기호에 맞는 소설의 출판이 증가했기 때문이다. 20～30년대 딱지본 신작 소설의 표지에는 개량한 짧은 치마에 구두를 신고 양산을 든 채 데이트를 하는 멜로드라마적 주인공으로서 신여성이 등장하는 예가 증가하였다. 이들은 도래한 '연애의 시대'를 맞아 애태우는 사랑과 슬픔, 만남과 이별의 낭만적 주인공으로서 표지화의 극적 중심에 배치된다.

예를 들어 『청춘화』(1927)에서 바닷가에 양산을 들고 치맛자락을 휘날리는 여성 주인공은 독자의 시선을 그림 속의 시점에 일치시켜 독자를 아련한 낭만의 바다로 이끈다(그림 7). 『산중처녀』(1926)에서 산속 공간은 주인공이 걸어가는 움직임을 따라 펼쳐진다. 『허영』(1922)에서 여성은 그림 속 남성과 대결하면서 사건의 중심, 사건의 주도자로 공간을 지배한다. 신여성들은 이야기 공간의 일부를 차지하는 것이 아니라, 이야기 공간이 반대로 여성의 행위의 무대이자 배경으로서 그로부터 펼쳐지는 것이다.

이렇게 신여성을 중심으로 표지화의 공간이 배치되는 양상을 보면, 소설을 읽고 향수하는 방식이 이전과는 사

그림 7 『청춘화』, 태화서관, 1927

그림 8-1 『술은 눈물인가 한숨이런가』, 춘양사, 1934

그림 8-2 영화 『미몽』(1936)의 한 장면

못 달라지지 않았을까 추측하게 된다. 굽이쳐 흐르는 이야기 자체의 재미보다도, 주인공과의 동일시적 투사가 소설 독서의 목적이자 읽기의 효과라는 것이다. 표지화가 강조하는 것은 이야기 전체보다도 연애의 매 순간과 장소에서의 감정적 집중이다. 독자는 여주인공과의 동일시를 통해서 소설 속 연애의 달콤함과 슬픔을 자신의 것으로 만들고 사랑의 대상이자 사랑을 희구하는 주체로 자신을 구성한다. 표지의 여주인공 중심 구성은 바로 그러한 여성 독자의 주체형성을 시각적으로 드러낸다.

이 시기 새롭게 발간된 딱지본 소설의 표지는 영화의 장면에 익숙한 도시 독자들의 감각을 반영하듯 영화적 씬scene의 구성과 유사한 예를 보여준다. 30년대 대중들의 시

각적 경험을 지배했던 문화 상품은 영화였다. 영화의 시각적 경험은 표지구성의 오랜 관습을 깨버렸다. 예컨대 마치 카메라가 주인공 남녀에게 가까이 다가가 밀착하듯이 표지 가득히 남녀의 상반신을 채워 넣은 『술은 눈물인가 한숨이런가』(1934)는 대표적인 예이다 (그림 8). 부감시로 이야기 전체 공간을 압축했던 구성의 관습은 이 표지에서는 완전히 사라졌다. 이렇듯 주인공 남녀가 나란히 밀착하여 대화를 나누는 장면은 애정물 혹은 애정과 활극이 결합된 서사가 주를 이루었던 30년대 영화에 자주 등장하던 장면이다. 이때 인물 뒤의 배경은 매우 가볍게 처리되고, 독자는 크게 확대된 화면 속 남녀 간의 사적인 친밀감과 관계의 감정적 밀도에 단숨에 접근할 수 있게 되는 것이다.

30년대의 딱지본 소설의 표지에는 애정의 농밀한 감정과 격렬한 눈물, 폭력이 넘쳐난다. 세련된 모던 걸도 사랑의 아픔에 홀로 연민의 눈물을 짓고, 활극 속 아름다운 여인은 피눈물을 흘리며(그림 9), 절세미인이 죽어갈 때 배반한 남성은 참회의 눈물을 흘리고, 노모의 고통과 가족의

고난 앞에 온가족이 눈물을 흘린다. 눈물과 고통을 이기지 못한 사람들은 강물에 몸을 던지고, 분노를 참지 못해 주먹을 휘두르거나, 원한을 갚기 위해 살인을 저지른다.

사랑과 눈물, 폭력과 활극이 퍼레이드를 이루는 30년대 딱지본 표지는 이 시기 소설이 영화와 공유했던 대중적인 감성의 시각적 지표가 무엇인지를 잘 보여준다. 사건의 극단적 순간들, 달콤한 연애의 감정과 육체적 친밀감, 비극적 울음의 절박함 등은 그것을 지시하는 강하고 직접적인 묘사, 인물의 극적인 배치, 강렬한 색채를 통해 적극적으로 표현된다. 반면에 이것의 한 대극에 있는 것으로서의 순문학의 표지화는 극도로 색채를 절제하며 감정을 억제한다. 결과적으로 양자는 상대방의 특성을 배제하며 자신의 몫을 만든다. 이러한 상호 배제의 결과 순수한 것과 상업적인 것, 고급한 이미지와 저급한 이미지의 시각적 지표들이 구성되었다.

그림 9 『혈루의 미인』, 세창서관, 1935

인쇄기술의 도입과 상업적 출판업자의 등장, 계몽담론의 열정과 근대적 보통 교육에 따른 독자의 증가라는 배경 속에서 출판된 이 소설책들은 조선시대의 서책의 체재를 혁신한, 회화 이미지가 복제 인쇄된 표지라는 전례 없는 물적 체재를 갖췄다. 딱지본은 책을 상품으로 팔기 위한 책표지 디자인의 최초의 예로서, 표지라는 특권적 위치에 실린 이미지는 책이라는 사물에 시각적 기호를 부여하여 그 차이를 구분하고 독자를 책의 내용으로 유도하는 책 디자인의 핵심적 요소로서의 역할을 했다.

표지 디자인에는 대중들이 선호하는 시각적 양식이 선택되었으며, 그것은 시대가 변함에 따라 달라졌다. 1910년대의 딱지본 소설책의 표지는 전통회화의 문법을 가져와 이야기 공간을 표지 전면에 제시하는 형식을 선호했다. 표지는 낙관이 찍힌 한 폭의 서화로서 자부심을 드러냈다. 20-30년대에 이르면 딱지본의 표지는 밀착하는 카메라처럼 주인공 인물을 확대시킨 화면을 통해 애정, 눈물, 폭력의 극적인 순간을 부각시켰다. 이것은 전통화법의 표지를 낡은 것으로 느끼게 만드는 급격한 시각의 변화를 보여주었다. 요컨대, 대중의 취향과 감성이 변화함에 따라 표지의 디자인도 변모했던 것이다. 이처럼 딱지본 소설책의 표지에서는 고급한 미술과 순수한 문학에서 배제했던 대중적인 시각의 관습과 그들이 선호했던 쾌락의 흐름을 찾

나가며

'딱지본'이라는 말이 담고 있는 경박하고 수준 낮은 책이라는 함의 뒤에는, 끈질기게 존재하여 도처에서 팔리고 있었던 책의 생명력이라는 역사적 사실이 존재한다. 대량

아볼 수 있다. 시각의 문화사를 구성할 중요한 사료인 딱지본 소설책의 표지는 앞으로도 다양하고 풍부한 분석의 대상으로 활용될 수 있을 것이다.

고소설 연구에서
딱지본과 딱지본의 표지

유춘동(강원대학교)

1. 딱지본이란 용어의 대두

동일한 대상을 놓고, 학계에서 사용하는 학술 용어와 일반인들이 쓰는 지시어가 달라 곤혹스러운 경우가 종종 있다. 그 대표적인 예가 '딱지본'이다.

사전을 찾아보면 '딱지본'은 "국문 소설류를 가리키며, 표지가 아이들 놀이에 쓰이는 딱지처럼 울긋불긋하게 인쇄되어 있는 데서 유래된 말"[1]이라고 정의 내려져 있다. 하지만 현재까지 고소설 학계에서 이 명칭의 유래에 대한 명확한 설명은 딱히 없다.[2]

그동안 고소설 연구자들은 딱지본이라는 용어 대신에 주로 '고대소설 구활판본, 얘기책, 구활자본, 활자본, 활판본 고소설' 등을 써 왔다. 이것은 서양의 신식 활판 인쇄기를 들여와 고소설을 발간發刊했던 것에 초점을 둔 명칭이다.

---

1   『국어대사전』, 민중서림, 2011.
2   이주영, 『구활자본 고전소설 연구』, 월인, 1998, 13쪽. 한편 류탁일은 서점에서 판매할 때 발매원을 표시하기 위하여 가격 등이 인쇄된 '딱지'를 붙여주던 데서 딱지본이 유래한다고 했다. 이주영, 앞의 책, 13쪽.

그림1 딱지본이란 표제를 단 첫 단행본

하지만 최근에는 이 분야의 연구자들이나 서울대 중앙도서관, 국립중앙도서관 같은 기관의 특별 전시회에서 볼 수 있듯이 '딱지본'이라는 용어를 더 많이 쓰고 있다.[3] 그 이유는 이제 활자나 인쇄 같은 관점에서 접근하기보다는 이미 1920년대 김기진金基鎭(1903~1985)이나 박종화朴鍾和(1901~1981)가 "울긋붉은한 表紙", "오색이 화려한 울긋불긋 호화로운 표지에 기름내가 산뜻한 새로운 장정"이라고 했던 것처럼 연구자들과 대중들의 관심이 표지의 외형과 시각적으로 보여주는 특성에 더 주목하여 생긴 현상에서 비롯된 것으로 보인다. 이를 반영하듯 '구활자본'이라는 학술 용어가 점차 '딱지본'으로 확산되거나 대체되는 상황이다.

신진 연구자들은 여기에서 더 나아가 20세기 초반 새로운 활자로 찍어낸 것으로, 울긋불긋한 표지를 지닌 문학

文學과 비문학을 포함한 모든 출판물을 딱지본으로 규정하여,[4] 딱지본이라는 상위 개념을 두고 그 아래에 신소설과 고소설을 포함시켜 '딱지본 대중소설', 이외 출판물은 "딱지본 실용서"로 구분하여 연구를 진행하고 있다.[5]

2. 딱지본 연구의 동향[6]

최근 고소설 연구에서 가장 활발하면서도 주목할 만한 성과가 제출되는 분야는 '딱지본'과 관련된 것들이다. 고소설 연구 초기에는 필사본이나 방각본 소설에 연구가 집중되어 주목받지 못했고, 아울러 연구 자료로서 부적합하다는 오해를 받아 거의 방치되다시피 한 것이 '딱지본'이었다.[7]

하지만 '고소설의 대중화', '고소설의 새로운 전성기'를 이끈 주역이라는 시각에서 딱지본을 새롭게 인식하면서 이제 이를 반영한 다양한 연구가 이루어지고 있다. 그동안의 연구를 정리하자면 딱지본의 간행 실태,[8] 딱지본 출판

---

3 서울대 중앙도서관에서 시행했던 '한국 딱지본 사이버 전시전'이 대표적인 예이다. 한편 학계에서는 다음과 같은 연구 성과가 있었다. 소재영 외, 『한국의 딱지본』, 범우사, 1996; 장문정, 『딱지본의 출판디자인사적 의의』, 홍익대 대학원 시각디자인학과 석사학위논문, 2001; 이영미 외, 『딱지본 대중소설의 발견』, 민속원, 2009; 권순긍, 「근대시기 딱지본 소설의 간행과 유통」, 『생활문물연구』 27, 국립민속박물관, 2011; 권철호, 『1920년대 딱지본 신소설 연구』, 서울대 대학원 국문과 석사학위논문, 2012; 조현신, 「한국 근대초기 딱지본 신소설의 표지 디자인」, 『기초조형학연구』 17(6), 2016; 박태일, 「대구 지역과 딱지본 출판의 전통」, 『현대문학이론연구』 66, 2016; 구홍진, 『딱지본 소설의 출판문화 연구』, 부산대 대학원 문헌정보학과 석사논문, 2016; 이은주, 『딱지본 표지화의 이미지 연구: 대중성 획득 방법을 중심으로』, 홍익대 대학원 미술사학과 석사학위논문, 2017.

4 소재영 외, 앞의 책, 11쪽.

5 이영미 외, 『딱지본 대중소설의 발견』, 민속원, 2009.

6 이 부분은 필자가 발표한 논문의 일부이다. 유춘동, 「구활자본 고소설 출판과 유통에 대한 몇 가지 문제들」, 『한민족문화연구』 50, 2015.

7 나손 김동욱 선생의 언급을 보면 당시 딱지본(구활자본 고소설)을 학계에서 어떻게 바라보고 있는지를 볼 수 있다. "新文學期 이후의 活版本 古代小說은 恣意的인 改稿가 많고, 요지음 市井의 古典小說全集은 學問的인 信憑性이 없는 Parodier한 出版物이어서 學生들의 레포오트에 그런 冊子에서 引用한 文章이 나올 때 寒心스럽기 짝이 없었다." 김동욱, 『영인고소설판각본전집』 1, 연세대 인문과학연구소, 1973, 3쪽.

8 이능우, 「고대소설 구활판본 조사목록」, 『논문집』 8, 1968; 하동호, 『개화기소설연구: 서지중심으로 본 개화기소설』, 단국대 국문과 박사학위논문, 1972; 하동호, 「속칭 얘기책 서지고략」, 『도서관』 199, 1975; 우쾌제, 「구활자본 고소설의 출판 및 연구 현황 검토」, 『고전소설 연구의 방향』, 새문사, 1985; 이영근, 「개화기 소설 출판의 양상」, 『기전어문학』 1,

오래된 근대, 딱지본의 책그림

사별 사주社主와 출판 활동,[9] 딱지본과 이전 시기에 존재했던 상업출판물 세책과 방각본 소설과의 관계[10] 등으로 요약할 수 있다. 이러한 연구들로 딱지본에 대한 중요성과 관심이 그 어느 때보다 높아졌다. 하지만 상업출판물로서의 딱지본이 지닌 특성과 위상, 그 단초를 연 표지表紙에 주목한 연구는 미미한 편이다.

고소설 분야에서 딱지본 표지에 관심을 둔 학자는 김기동과 류탁일 정도이다. 그러다가 딱지본이 지닌 시각성에 처음으로 주목하여 간행된 것이 『한국의 딱지본』(소재영 외, 범우사, 1996)이었다. 이를 시작으로 딱지본의 표지는 시각 디자인 연구자인 서유리, 장문정, 이은주, 조현신에서

의해서 새롭게 조명 받았다.[11] 그리고 이러한 기반 위에서 고소설 연구자인 간호윤에 의해서 딱지본 고소설의 전반적인 특징이 논의되었다. 이렇게 이 분야의 연구는 채 10여 편을 넘지 못하는 상황이다. 따라서 딱지본 표지 연구는 고소설 연구에서 신생新生 분야라 할 수 있다.

이제 "근대 초기 상업출판 사업의 첨병으로서, 당대의 시대 의식과 미적 체험, 대중적 기호, 기호의 조작, 전통적인 것들의 해체와 변형 과정, 더 나아가 출판 디자인의 시원과 역사 연구의 범위를 확장하기 위해서"[12]는 딱지본 표지에 대한 고소설 연구자들의 관심과 심도 있는 연구가 필요한 시기이다.

3. 딱지본 표지 연구의 방향

딱지본 표지의 기존 연구는 딱지본 신소설과 고소설 둘로 나눌 수 있다. 앞의 것은 표지의 삽화, 타이포그래피typography, 레이아웃layout, 색채, 본문의 편집 특성 차원에서 다루어졌고,[13] 뒤의 것은 인물, 사건, 상징, 제목 및 삽어揷語의 변화에 주목했다.[14]

이 글에서 덧붙이고자 하는 것은 선행 연구에서 검토되지 못했던 표지와 관련된 몇 가지 사항들로, 딱지본 신소설과 고소설 표지의 교섭 양상, 출판사별 딱지본 표지의 실태, 출판 과정에서 총독부 검열에 따른 표지의 변화 등

1986; 류탁일, 『한국 고소설 비평 자료 집성』, 아세아문화사, 1994; 소재영 외, 『한국의 딱지본』, 범우사, 1996; 권순긍, 『활자본 고소설의 편폭과 지향』, 보고사, 2000; 이주영, 『구활자본 고전소설 연구』, 월인, 1998; 오윤선, 「신소설 서지 데이터베이스의 분석과 그 의미」, 『우리어문연구』 25, 2005; 엄태웅, 「활자본 고전소설의 근대적 간행 양상」, 고려대 국문과 석사논문, 2006; 김성철, 「활자본 고소설의 존재 양태와 창작 방식 연구」, 고려대 국문과 박사학위논문, 2011; 최호석, 「활자본 고전소설의 총량에 대한 연구」, 『고전문학연구』 43, 2013.

9 이주영, 「신문관 간행 육전소설 연구」, 『고전문학연구』 1996; 한기형, 「1910년대 신소설에 미친 출판, 유통 환경의 영향」, 『한국학보』 84, 1996; 방효순, 「박문서관의 출판활동에 관한 연구」, 『국회도서관보』 37(5), 2000; 방효순, 「일제시대 민간 서적 발행 활동의 구조적 특성에 관한 연구」, 이화여대 문헌정보학과 박사학위논문, 2001; 최호석, 「지송욱과 신구서림」, 『고소설연구』 19, 2005; 이종국, 「개화기 출판 활동의 한 징험: 회동서관의 출판문화사적 의의를 중심으로」, 『출판학연구』 49, 2005; 김종수, 「일제 강점기 경성의 출판문화 동향과 문학서적의 근대적 위상」, 『서울학연구』 35, 2009; 최호석, 「영창서관의 고전소설 출판에 대한 연구」, 『우리어문연구』 37, 2010; 김종수, 「일제 식민지 문학서적의 근대적 위상: 박문서관의 활동을 중심으로」, 『우리어문연구』 41, 2011; 최호석, 「신문관 간행 육전소설에 대한 연구」, 『한민족어문학』 57, 2011; 이민희, 『백두용과 한남서림 연구』, 역락, 2013; 권두연, 『신문관의 출판 기획과 문화운동』, 고려대 민족문화연구원, 2016.

10 이윤석 외, 『세책 고소설 연구』, 혜안, 2003.; 유춘동 「세책본 금령전의 텍스트 위상 연구」, 『열상고전연구』 20, 2004; 유춘동, 「20세기초 구활자본 고소설의 세책 유통에 대한 연구」, 『장서각』 15, 2006; 김준형, 「근대전환기 글쓰기의 변모와 구활자본 고전소설」, 『고전과 해석』 1, 2006; 유광수, 「구활자본 적성의전의 두 연원에 대하여」, 『열상고전연구』 32, 2010.

11 연구자들의 연구는 각주 3)번 참조.

12 조현신, 앞의 논문, 591~592쪽.

13 서유리, 장문정, 이은주, 조현신, 앞의 논문 참조.

14 간호윤, 「신연활자본 고소설 책의도 목록화와 문화접변 연구」, 『고전문학과 교육』 28, 2014.

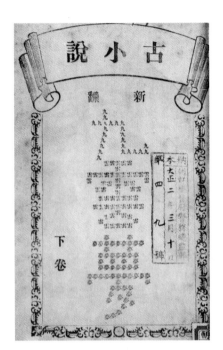

그림 2 『은세계』 표지   그림 3 『구운몽』 표지

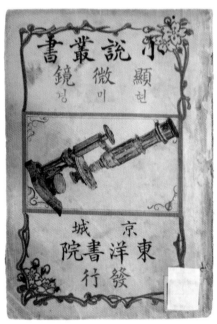

그림 4 『현미경』 표지 1   그림 5 『현미경』 표지 2

는 선입견이 있다. 반대로 딱지본 신소설 역시 고소설과 상관없이 독자적이면서도 고유한 표지로 간행되었다고 생각하고 있다. 하지만 예로 제시하는『구운몽』과『현미경』을 보면 이러한 생각의 교정이 필요하다.

현재 널리 알려진『구운몽』의 표지는 남녀주인공인 성진과 팔선녀가 다리 위에서 대화를 나누는 장면이다.

하지만 제시한 사진을 보면 신소설『은세계』의 표지가 그대로『구운몽』에도 반영되어 신소설의 표지처럼 간행되었다. 따라서 딱지본 고소설이라 해도 모두가 울긋불긋한 것은 아니다.

반대로 처음 출간할 때에는 딱지본 신소설의 전형적인 형태로 표지가 출간되었으나 이후 판을 거듭 찍어내면서 딱지본 고소설처럼 울긋불긋한 형태로 표지를 바꾼 경우도 있다. 딱지본 신소설『현미경』이 그 대표적인 예이다.

제시한 사진처럼 전형적인 신소설의 표지가 이후에는 고소설처럼 표지가 바뀌어 있다.

이렇게 표지가 서로 교섭되거나 변화된 경우는 여러 종을 확인할 수 있다. 그 이유는 무엇보다 당대 구매자들의

이다.

먼저 언급할 것이 딱지본 신소설과 고소설 표지의 교섭이다. 딱지본 고소설은 모두 울긋불긋한 표지로 되어 있다

취향 때문이다. 딱지본 소설을 보면 처음에는 딱지본 신소설이 압도적인 인기를 끌다가 이후에는 그 인기가 고스란히 고소설로 넘어간다. 이 과정에서 출판업자는 이러한 시장의 변화에 민감하게 반영하여 구매자에 관심을 끌기 위하여 표지 형태를 과감하게 바꾼 것이다. 이러한 '표지 갈이'는 지금까지 연구자들이 관심을 갖지 않은 사항이었다. 앞으로 이 부분에 대한 변모 양상을 확인하고 그 의미를 새로 부여할 필요가 있다.

한편, 현재 각 출판사별로 간행되었던 동일 제명을 지닌 작품들은 표지의 경우, 처음 간행된 출판사의 표지를 가져다 그대로 사용한 것으로 생각하고 있다. 하지만 지금까지 확인한 것들을 보면 출판사별로 표지가 서로 차이가 있다. 그 대표적인 경우가 딱지본 『유충렬전』이다. 이 소설은 처음에는 여러 형태의 표지가 만들어졌으나 뒤에는 현재 우리가 알고 있는 전형적인 표지 형태로 자리잡는 추이를 볼 수 있다. 이것은 현재 관점에서 보자면 명품에 기댄 모조품, 즉 '짝퉁'과도 비슷하다. 시장에서 압도적인 위치를 차지하거나 선도 업체의 영향력에 기대어 비슷한 물건을 만들어 놓았을 때, 소비자들이 착각을 일으켜 물건을 살 수 있는 상황, 구매력 없는 사람들이 원본과 유사한 느낌을 주는 물건을 사면서 생기게 되는 안도감의 측면에서 이를 설명할 수 있다.

마지막으로 딱지본의 표지와 검열의 문제이다.[15] 딱지본 소설의 표지가 등장한 것은 이전 시기 소설의 유통과 비교해 볼 때 가장 두드러진 특징이다. 알록달록한 색감의 표지, 내용의 일부를 짐작하게 하는 딱지본의 표지는 독자들의 시선을 끌고 구매로까지 연결시키는 당대로서는 대단한 광고廣告 기법이었다. 따라서 출판업자는 출판 과정에서 딱지본 표지를 가장 중요하게 생각했을 것이다. 이러한 딱지본 표지의 중요성을 당시 검열자들도 인식했다. 이는 국립중앙도서관에서 소장하고 있는 검열본 『죄악의 씨』, 『서해풍파』, 『금방울전』 등에서 확인할 수 있다.

『죄악의 씨』의 표지를 보면 일본 순사巡査로 추정되는 인물이 죄인을 호송하는 모습을 하고 있다. 『서해풍파』에서는 거친 바다를 항해하는 배에 태극기가 걸려 있다. 그리고 『금방울전』의 경우에는 상, 하단으로 나뉘어 위에는 나체裸體를 한 주인공의 모습, 아래에는 도깨비가 주인공을 업고 어딘가로 가는 모습을 표지로 했다.

하지만 당시 검열관들은 이러한 모든 사항을 지적해서 표지를 바꾸게 했다. 『죄악의 씨』는 "표지가 이상하니 제거하라"라는 문구를 변경 지시를 내렸고, 『서해풍파』는 거친 바다를 헤쳐 나가는 배 위에 태극기를 그린 표지였으나 이를 일장기日章旗로 바꾸라 지시했으며, 『금방울전』은 나체 상태의 사람을 나무에다가 묶어 놓은 것이 선정적이면서 풍속 교화에 문제가 있으니 아예 삭제하라고 했다. 딱지본에서 가장 중요한 것이 무엇보다 표지였고, 표지를 통해서 드러내려 했던 풍속 교화의 문제, 사회 저항적인 태도 등을 바로 검열을 통해서 제거한 것이다.

그동안 딱지본 표지에 대하여 여러 논의가 있었지만 표지가 바뀐 이유, 바뀐 전후의 모습은 논의되지 못했다. 위의 표지 검열 사항을 보면 딱지본의 표지가 어떤 이유에서 변경되었는지에 대한 해답을 보여주고 있다.

---

15 유춘동, 「구활자본 고소설의 검열본과 납본」, 『서지학연구』 72, 2017.

그림 6 『죄악의 씨』 검열본 　　　　　그림 7 『서해풍파』의 검열본 　　　　　그림 8 『금방울전』의 검열본

4. 딱지본 표지 연구의 과제

딱지본은 그동안 서지書誌에서부터 작품의 분석에 이르기까지 다양한 연구가 있었다. 하지만 작품 자체에 매몰되어 딱지본이 지닌 대중성이나 시각적 특성을 지닌 표지에 대한 연구는 거의 없었다. 따라서 이제부터 딱지본 표지의 중요성을 재인식하고 이에 대한 다각적인 연구가 필요하다.

현재 딱지본 연구는 고소설 연구자, 신소설 연구자, 시각 디자인 연구자로 각각 나누어 진행하고 있다. 이러한 상황은 판소리 하나를 놓고 문학적 관점, 음악적 관점, 공연학적 관점으로 구분되어 각자 소통 없이 연구를 진행하다가 결국에는 자신의 목소리만 내고 있는 상황을 연상케 한다. 딱지본 표지의 통시적 변화, 교섭 양상, 시대적 상황과 변수 등을 학제간의 연구, 종합적인 연구를 통해서 해결할 필요가 있다.

*참고문헌은 각주로 대신합니다.

오래된 근대, 딱지본의 책그림

'딱지본 소설 목록'의 양상과 문학사적 가치

김영애(청주대학교)

1. 들어가며

문학사적 맥락에서 딱지본 소설은 고전소설로부터 현대소설로의 이행 과정을 중개하는 역할을 담당한 이례적인 서사 장르로 인식되어 왔다. 이러한 장르적 이해는 딱지본 소설의 과도기적인 성격을 부각하는 방향으로 오랫동안 고착되었다. 딱지본 소설은 일정한 시기에 잠깐 등장했다가 사라진 장르이며, 그 수 역시 주목할 만한 수준이 되지 못한다는 인식이 형성되기도 했다. 이러한 인식을 극복하려는 논의가 최근 딱지본 소설의 정체성을 밝히는 방향으로 다양하게 이루어졌다. 그에 따라 지금까지 상당한 수준의 업적이 축적되었음을 확인할 수 있다. 특히 딱지본 소설의 창작과 유통에 관한 연구들은 우리 근현대소설의 역사에 새롭게 접근할 수 있는 가능성을 마련하기도 했다.

그럼에도 불구하고 딱지본 소설에 관한 연구에서 여전히 빈 곳이 존재함을 부인하기 어렵다. 목록으로만 존재하거나, 그조차도 드러나지 않은 작품들이 그 빈 곳에 해당

할 것이다. 오영식이 정리한 최근 목록은 지금까지 미지의 영역으로 남아 있던 딱지본 소설의 실체를 부분적으로나마 밝힐 수 있는 중요한 근거이며, 근현대문학사의 빈 공간을 채울 수 있는 사료적 성격을 지닌다. 이 목록은 딱지본 전반을 대상으로 한 것으로, 이 가운데 소설은 400여 종에 이른다. 주목할 부분은 400여 종의 딱지본 소설의 다양한 판본을 표지, 판권지와 함께 소개하고 있다는 점이다. 이미 송하춘의 『한국근대소설사전』(2015)에서 딱지본 소설에 대한 일차적인 소개와 정리가 이루어졌다. 오영식의 목록은 송하춘의 저술 중 누락되었거나 실체를 확인하지 못한 작품을 일부 포함하고 있다. 특히 1950년대 이후에 출간된 딱지본 소설을 목록화하여 제시하고 있다는 점역시 기존 연구의 공백을 채우는 데 중요한 역할을 할 것이다. 이 목록은 지금까지 작성된 딱지본 소설 목록 중 가장 완성도가 높은 것이라 할 수 있다. 물론 오영식의 목록이 딱지본 소설 목록의 최종본은 아니나, 기존 연구에서 그 실체를 알 수 없었던 작품들을 대거 발굴하여 소개하고 있다는 점에서 향후 딱지본 소설 연구에 중요한 전거가 될 수 있다.

2. 발굴 딱지본 소설의 양상

『근대서지』 16호에서도 간략하게 소개한 바 있듯이, 이번 딱지본 소설 목록에서 눈에 띄는 부분은 대략 두 가지로 압축할 수 있다. 먼저 그간 목록상으로만 존재했던 작품의 실물을 온전하게 확인한 경우이다. 광고나 출판 목록 등을 통해 서지사항 정도만을 대강 확인할 수 있었던

작품들 중 일부가 오영식의 목록에서 그 실체를 드러냈다. 대표적인 작품으로 이소二笑의 『연무정』을 들 수 있다. 저자 이소二笑는 1920년대부터 1940년대에 이르기까지 『백발귀白髮鬼』(영창서관 1924), 『암투暗鬪』(영창서관 1925), 『정부貞婦의 루淚』(영창서관 1925), 『의문의 사랑』(영창서관 1931), 『편수미인片手美人』(영창서관 1931), 『청춘의 설움』(영창서관 1933), 『무정한 설움』(영창서관 1935), 『마굴魔窟』(영창서관 1942) 등의 신소설 및 번안소설을 다수 발표한 작가이다. 『연무정』은 송하춘의 『한국근대소설사전』에서 목록과 서지사항을 밝혔으나 실제 작품을 확인하지는 못한 경우에 속한다. 이 작품은 1929년 창문당서점에서 초판이 출간되었고 1931년 영창서관에서 재출간되었다.

다음으로 이번 목록을 통해 새롭게 발굴된 작품들을 다수 선보인다는 점을 들 수 있다. 대표적으로 박철혼의 『사랑의 싸홈』, 노익환의 『인간고락』, 성영의 『봄을 맞는 처녀』 등을 들 수 있다. 박철혼의 『사랑의 싸홈』은 대정 12년 (1923) 5월 15일 영창서관, 한흥서림에서 초판이 나왔고 대정 15년(1926) 1월 20일에 재판이 나왔다. 초판 발간 시기로 미루어 볼 때 이 작품은 초기 딱지본 소설의 유형에 속하는 것으로 볼 수 있다. 이 작품은 '연애비극'이라는 부제를 달고 있으나 그에 맞지 않게 행복한 결말을 취하고 있다. 작품의 배경이 중국 청도로 설정되어 있으며 '토인', '현상금 오천불' 등의 표현으로 미루어볼 때 순수 창작소설이라기보다는 번안소설일 가능성이 높아 보인다. 박철혼은 박준표朴埈杓의 필명으로 그는 『비행飛行의 미인美人』(영창서관·한흥서림·진흥서관 1923), 『운명運命』(박문서관 1924), 『칠진주七珍珠』(박문서관 1925), 『강명화의 설움』(영창서관·한흥서림 1925), 『운명의 진주』(영창서관 1925), 『윤심덕일대기

尹心悳一代記』(박문서관 1927), 『홍안박명紅顏薄命』(신구서림 1928), 『오동추월梧桐秋月』(영창서관 1928), 『애루몽哀淚夢』(박문서관 1930), 『동방화촉洞房花燭』(박문서관 1930), 『월미도月尾島』(박문서관 1930), 『청춘의 애인』(세창서관 1931), 『임거정전林巨丁傳』(태화서관 1931), 『어머니』(태화서관 1932), 『무정의 눈물』(서지불명), 『세종대왕실기世宗大王實記』(세창서관 1935), 『빛나는 그여자』(영창서관 1937) 등 다수의 창작 신소설과 실기류, 번역번안소설을 발표했다.

『인간고락』은 소화 6년(1931) 11월 15일 신구서림에서 초판이 발행되었다. 저자명은 표기되지 않고, 저작 겸 발행자가 노익환盧益煥으로 표기되었다. 노익환은 지송욱이 설립한 서점 겸 출판사인 신구서림을 인수하여 이해조 등 당대 대표적인 신소설 작가의 작품을 다수 출간했다. 표지 제목은 '戀愛悲劇 人間苦樂인간고락'이며, 간기에는 '비극소설 인간고락'이라 표기되어 있다. 고전소설 혹은 초기 신소설 문체가 잔존해있고, 주제 역시 인과응보因果應報에서 벗어나지 않는다. 계모의 박해로 인해 수난을 겪은 주인공들이 조력자의 도움으로 위기를 모면하고 행복한 결말에 이르는 플롯은 고전소설의 전형적인 서사구조에 부합하는 작품이다. 일본인이 주인공을 위기에서 구하는 조력자이며, 주인공을 비롯한 인물들이 조선에서 수난을 겪은 뒤 일본으로 떠나 유학한다는 식의 설정 등에서 일본과 일본인에 대한 긍정적인 인식을 엿볼 수 있다.

성영星影의 『봄을 맞는 처녀』 역시 지금까지 알려지지 않은 발굴 작품이다. 이 작품은 소화 12년(1937년) 9월 10일 홍문서관에서 초판이 발행되었다. 간기에는 저작 겸 발행자 홍병석洪秉錫, 정가 80전, 발행소 홍문서관, 분매소 성문당서점 등이 표기되어 있고 표지에 홍문서관 낙관이 찍

혀 있다. 온금섭이 '성영星影'이라는 필명으로 발표한 작품이다. 온금섭이 온성영이라는 필명으로 발표한 작품으로 『신월루新月淚』(세창서관, 1935)가 송하춘 편 『한국근대소설사전』에 소개되어 있다. 이 작품은 해숙이라는 여성 인물이 수난을 겪은 후 행복한 결말을 맞이하는 내용이다. 『봄을 맞는 처녀』와 『신월루』는 권선징악적 주제, 전형적인 인물 유형, 수난 극복의 서사구조의 측면에서 유사하며, 이러한 유사성은 1930년대 딱지본 소설의 한 유형에 해당하는 것이다. 저자 주소가 전북 김제군 백구면白鷗面 영상리嶺上里로 되어 있고, 작품의 주된 배경 또한 전주를 비롯한 전북 지역이다. 작중 '온나노유죠女の友情', '사요나라' 같은 일본어가 그대로 등장하고, 성적 표현으로 짐작되는 부분은 복자伏字로 처리되었다.

이외에도 조준경曹俊卿의 『불 붓는 복수』(보성서관 1938) 역시 송하춘의 『한국근대소설사전』 등 기존 목록에서 누락되어 그간 실체가 드러나지 않은 작품이다. 조준경은 보성서관 사주로 추측되며, 많은 딱지본 소설에서 저작 겸 발행자로 이름을 올린 바 있다. 대표적으로 『그날밤의 비밀』(보성서관 1937), 『녹의홍상綠衣紅裳』(보성서관 1936), 『다정한 남매』(보성서관 1936), 『데릴사위』(보성서관 1937), 『마굴魔窟의 여신女神』(보성서관 1938), 『봉선의 원한』(보성서관 1927), 『사랑은 눈물인가』(보성서관 1937), 『순정純情을 찾아서』(보성서관 1938), 『순정純情한 사랑』(보성서관 1938), 『순진純眞한 남자男子』(보성서관 1939), 『실연失戀의 화원花園』(보성서관 1938), 『아까운 청춘靑春』(보성서관 1937), 『여점원女店員의 비밀秘密』(보성서관 1938), 『연戀은 루淚인가』(서지 미상), 『진심眞心의 혈루血淚』(보성서관 1939), 『천추千秋의 원혼怨魂』(보성서관 1939), 『카후에의 하룻밤』(보성서관 1938) 등이 조준경이 저

작 발행한 작품들이다. 작품들이 시기적으로 대부분 1930년대 중후반에 집중적으로 출간된 것을 확인할 수 있는데, 이는 조준경의 보성서관이 이 시기 딱지본 소설 지형 형성에 중요한 역할을 담당한 것으로 풀이할 수 있다. 향후 딱지본 소설 연구에서 조준경이나 보성서관의 역할에 관한 부분이 추가된다면 딱지본 소설의 다양한 유형과 특징을 이해하는 데 도움이 될 것이다.

3. 나오며

비록 아직 완성된 목록이 나오지는 않았으나, 오영식이 정리한 딱지본 소설 목록을 통해 확인할 수 있는 사항들은 충분히 많다. 가장 중요한 사실은 개인 소장자들의 자료 공개를 통해 지금까지 알려지지 않았거나 관련 정보를 파악하기 어려웠던 작품들 중 상당수가 온전한 형태로 그 전모를 드러냈다는 점이다. 문학 연구에서 이러한 자료 발굴은 그 중요성을 아무리 강조해도 지나치지 않다. 오영식의 작업은 400여 종의 딱지본 소설 목록을 표지, 판권지 등과 함께 제시하고 새롭게 발굴된 작품들을 다수 선보인다. 이는 오랜 시간에 걸친 지난하고 지루한 작업을 통해 자료를 모으고 분석한 결과이며, 서지학자로서의 오랜 경륜과 노력이 빛을 발한, 실로 놀라운 결실이라 할 수 있을 것이다.

새로운 목록의 제시를 통해 딱지본 소설에 관한 연구 역시 새로운 국면으로 전환될 것임은 자명하다. 특정 작가나 출판사 중심으로 반복, 재생산되어왔던 딱지본 소설 연구는 점차 그 영역과 지평이 확장될 것이다. 특히 판본 연구의 관점에서 볼 때 한 작품의 다양한 이본이 출간된 사

정을 확인하고 이해할 근거가 마련되었다는 점에서도 오영식의 딱지본 소설 목록은 중요한 실마리를 제공한다. 또한 1950년대 이후 딱지본 소설의 양상을 살필 수 있는 자료를 제시함으로써 식민지시기에 머물러 있는 딱지본 소설 연구의 범위를 확장하는 데 기여할 것이다. 이러한 확장된 연구를 통해 딱지본 소설이 식민지시기에 잠깐 등장했다가 소멸한 장르이며, 그 수나 미적 가치 역시 주목할 만한 수준이 되지 못한다는 기존의 인식을 넘어설 수 있는 가능성을 발견할 수 있을 것이다. 딱지본 소설의 영역은 우리의 예상보다 더 넓고 방대한 것이었다. 딱지본 소설은 신소설이나 현대소설과의 공존과 길항을 통해 오랫동안 대중들의 다양한 서사적 욕망을 충족시키는 역할을 수행했다. 이번 기회에 추가 발굴된 목록과 자료를 토대로 딱지본 소설 연구의 새로운 장이 열릴 것을 기대한다.

『옥중화獄中花』에 나타난 이도영의 목판화 도상 연구
『옥중화(춘향가연정)』와 『증상연예옥중가인』을 중심으로

홍선웅(판화가)

1. 조선 후기 판각문화와 연활자의 도입

조선 후기 들어 이야기문학에 대한 소비가 증대되면서 급기야는 『구운몽』과 같은 고전소설이 방각본(1862)으로 간행되기에 이른다. 대중문화에 대한 수요가 늘어나면서 기존의 필사본이 지닌 공급의 한계를 극복하기 위해 대량 인쇄 방식이 선택된 것이다. 서울 지역의 경판본, 전주 지역의 완판본, 안성의 안성판본 등이 그 대표적인 사례에 해당한다.

방각본 역시 인쇄방식은 조선시대 목판본과 마찬가지이다. 널판 판목에 글씨를 판각한 후 먹물 묻힌 붓으로 판목을 칠한 후 종이를 얻는다. 그리고 머리카락으로 만든 인체印髢에 밀랍을 발라 한지를 문질러서 인출하는 방식으로 제작되었다. 목판 판목을 활용하여 나름대로 대중의 수요를 충족할 수 있는 대량생산 체제를 갖춘 것이다. 이러한 점은 고려시대 이후 조선 후기에 이르기까지 불교 경전, 행실도, 족보, 농업 및 의학 전적, 의궤도, 지도 등을 목

판본으로 간행하며 독자적인 판각문화를 발전시켰던 출판문화 경험과 무관하지 않다. 그러나 현전하는 방각본의 목판은 손가락에 꼽을 정도이다. 순천의 뿌리깊은나무박물관에는 『월왕전』의 방각본 목판 6점과 『구운몽』, 『열녀춘향수절가』, 『심청전』, 『홍길동전』, 『류충렬전』, 『소대성전』 등의 방각본 소설 16종이 갖추어져 있다. 또한 원주의 명주사고판화박물관에는 『서한연의』 판목 1점과 『류충렬전』 판목 1점을 변형시켜 만든 원형 분첩 1개(그림 1)와 『심청전』, 『삼국지』, 『초한전』, 『소대성전』 등 방각본 판목 5점을 변형시켜 만든 사각형 보석함 1개(그림 2)가 소장되어 있다. 이외에 충주의 우리한글박물관에 『심청전』 판목을 변형시켜 만든 담뱃갑이 있기도 하다. 이러한 방각본 판목의 변형은 많은 양의 인출로 인해 목판에 새긴 각이 뭉개지자 판목을 생활용품으로 재활용했기 때문인 것으로 추정된다. 비근한 예로 명주사고판화박물관에 소장된 『오륜행실도五倫行實圖』 판목을 들 수 있다. 1797년(정조 21)에 정리자整理字로 간행된 것을 1859년(철종 10)에 목판으로 번각한 이 판목은 현재 유일하게 전하는 『오륜행실도』 목판이다. 그러나 이 역시 화로의 외곽장식용으로 변형되어 있어 안타까움을 줄 뿐이다.

이미 전대에 뛰어난 판각문화가 조성되었던 점도 방각본 출판의 활성화에 크게 기여했다. 조선시대 들어 다양한 출판물에 판화가 사용되면서 각법刻法의 기량은 점점 더

발전할 수 있었다. 조선 초기부터 조선 후기에 이르기까지 효행을 강조한 불교서적 『부모은중경父母恩重經』과 『묘법연화경妙法蓮華經』 등이 중앙과 지방에서 두루 간행되어 전국적으로 보급되었으며, 성리학의 윤리적 덕목을 민중에게 교화하기 위해 『삼강행실도三綱行實圖』(1434년), 『동국신속삼강행실도東國新續三綱行實圖』(1617), 『이륜행실도二倫行實圖』(1518), 『오륜행실도五倫行實圖』(1797) 등의 행실도가 시대별로 여러 번 간행되기도 했다. 이러한 불서와 행실도 전적에는 책의 내용을 쉽게 이해하고 대중의 흥미를 유발시키기 위해 목판화로 제작된 도상圖像이 많이 수록될 수밖에 없었다.

그러나 불교 경전의 변상 판화나 행실도 전적의 판화 도상 형식은 조선 후기로 오면서 점차 변화를 일으킨다. 조선 전기 세종16년(1434)에 3권 3책으로 간행된 『삼강행실도』 초편한문본初編漢文本의 판본板本과 성종21년(1490)에 간행한 재편언해본再編諺解本의 원간본이나 이후 중간본의 목판화 도상에서는 화면 속에 인물과 산수를 이야기 내용에 따라 공간을 구획하여 분산시키는 다시점 구도를 펼쳐 보이고 있다. 다분히 이야기를 화면에 따라 풀어가는 서술적 방식을 택하고 있는 것이다. 반면에 조선 후기에 들어서는 『오륜행실도』의 목판화도상처럼 하나의 주제만을 설정해서 설명하는 일시점 구도방식이 주종을 이루게 된다. 또한 볼록하게 도출되는 양각기법으로 세밀한 각선刻線을 강조한 각법이 유행하게 되고, 화풍도 사실주의적인 사경풍속寫景風俗으로 변화화게 된다. 상징적이고 축약된 주제를 표현하기 위해 채택된 일시점 구도방식과 가는 세밀한 각선에 의한 사실주의적 각법

그림 1 방각본 판목을 변형시켜서 만든 원형 분첩(명주사 고판화박물관 소장)

그림 2 방각본 판목을 변형시켜서 만든 사각형 보석함(명주사 고판화박물관 소장)

은 조선 후기 회화의 양식 변화와 맞물려 정조시기에 크게 융성할 수 있었다.

그중에서도 정조시기 용주사에서 간행된 『부모은중경』 (1796)의 판화도상과 주자소鑄字所에서 5권 4책으로 간행한 『오륜행실도』(1797)의 판화도상은 인물과 풍경의 사실적인 조합이 화면에 생동감을 불어 넣은 대표적인 사례에 해당한다. 또한 정조의 명으로 심환지沈煥之가 의병장 양대박 梁大撲(1544~1592)의 사적을 기록하여 간행한 『양대사마실기梁大司馬實記』(11권 5책, 1799)의 권1에 들어 있는 2점의 '운암파왜도雲巖破倭圖'의 판화도상은 조선 후기의 대표적인 전쟁도戰爭圖로서 화면 속 인물의 움직임을 활달하고 힘 있는 각선으로 표현한 것이 특징적이다.

또한 조선 후기 판각문화의 성장과 발달은 『의궤도』나 목판본 지도의 간행에도 많은 영향을 끼쳤다. 최한기崔漢綺 (1803~1877)가 소형 절첩본 형식으로 제작한 〈지구전후도地球前後圖〉(1834)가 그 대표적인 경우에 해당한다. 이것은 김정호金正浩(?~1866)가 대추나무에 판각한 것인데,[1] 김정호는 1861년에 1.5cm 두께의 피나무 널판을 판각하여 절첩식 목판본으로 대동여지도(1861)를 제작하기도 했다.

조선 후기까지 이어진 판각문화의 역량은 근대에도 영향을 미친다. 선교사 게일 목사와 그의 아내 해리엇이 공동 번역하여 발행한 초판본 『천로역정天路歷程』(1895)(그림 3)에는 기산箕山 김준근金俊根이 제작한 목판화 도상 42점이 수록되었는데, 개화기에 제작된 풍속판화이어서 그 의미

그림 3 기산 김준근의 『천로역정(天路歷程)』 목판화 중 〈사해를 건너다〉

가 더욱 크다고 할 수 있다. 김준근의 목판화는 속화俗畵에 능했던 관아재觀我齋 조영석趙榮祏(1686~1761)의 『사제첩麝臍帖』에 실린 '삼녀재봉'과 일맥상통함을 보인다. 속화란 일상의 통속적인 삶의 모습을 그린 것으로 김홍도 이전, 이미 조영석의 작품에서 읽을 수가 있다. 한편 강세황姜世晃은 『표암고』 권4 「단원기우일본檀園記又一本」에서 김홍도를 논하며 "인간의 일상생활 중 여러 가지 말과 행동, 길거리, 나루터, 점포, 가게, 과거장면, 놀이마당 등과 같은 속태俗態를 옮겨 그리기를 잘하였다"[2]라고 쓰고 있다. 즉 당대의 세속적인 삶의 모습에 주목한 속화는 통속적 가치에 대한 새로

---

1 崔上舍家住京師南村倉洞 甲午以棗木板模刻晉陵莊廷敷地球搨本 而金正嶹剞劂焉 최한기의 집은 서울 남촌의 창동이다. 갑오년에 대추나무 판목으로 진릉(晉陵) 장정부의 지구도를 모각했는데 김정호가 새겼다.(李圭景,『五洲衍文長箋散稿』卷38) 오상학,『조선시대 세계지도와 세계인식』, 창비, 2011, 318~322쪽.

2 정병모,『한국의 풍속화』, 한길아트, 2000, 210쪽.

오래된 근대, 딱지본의 책그림

운 인식을 가진 화풍이었던 것이다. 이러한 속화의 개념은 이후 서민의 생활상뿐만 아니라 김홍도나 신윤복에 이르러 사대부의 생활까지 그림의 소재로 삼게 됨으로써 풍속화로 통용되기 시작한다.

이러한 풍속화의 이미지는『천로역정』이후 딱지본 고소설의 판화도상에 나타난 인물형상에서도 그대로 이어지고 있다. 그러나 딱지본 고소설 발행 이전, 대한제국 시대의 교과서 판화도상에서도 조선 후기 풍속화의 영향은 심심찮게 발견된다. 이 부분은 다음 기회에 '대한제국시대 민간 교과서에 나타난 판화도상 연구'에서 자세히 다루기로 하겠다. 다만 주요한 문헌자료들만 언급한다면 대한국민교육회의『초등소학初等小學』(1906), 현채玄采(1856~1925)의『유년필독幼年必讀』(휘문관, 1907), 정인호鄭寅琥(1869~1945)의『최신초등소학』(보성사, 1908),『초등대한역사』(옥호서림, 1908) 등을 들 수 있다. 이렇게 다양한 간행 경험을 통해 축적되었던 조선시대 판각문화의 역량은 개화기를 거쳐『대한민보』시사만평 및 딱지본 고소설인『옥중화』의 판화도상을 통해 그 기량이 전승되기에 이르는데, 그 중심인물은 이도영이었다.

1912년에 이해조李海朝(1869~1927)가『옥중화』(1.1~3.16)를『매일신보』에 발표한 후 계속해서『강상련』(3.17~4.26),『연의 각』(4.29~6.7),『토의 간』(6.9~7.11)을 연재하면서[3] 딱지본 고소설의 출판물이 쏟아지기 시작했다. 연활자를 사용한 이해조의『옥중화(춘향가연정)』초판본이 박문서관(1912.8.17)과 보급서관(1912.8.27)에서 각각 발행되었고, 이어서『장한몽』이나『설중매』와 같은 연활자본 신소설까지 대중 속으로 폭넓게 파고들었다. 이처럼 연활자의 보급은 인쇄출판문화의 새로운 혁명이라고 할 수 있을 정도로 딱지본 소설의 파급력을 높여주는 역할을 했다. 본래 연활자는 일본 도쿄의 추쿠지활판소에서 주조한 것으로 외교와 통상을 관장하던 통리아문 관하의 박문국에서 1883년에 수동식 활판인쇄기와 함께 국내에 처음 수입되었다. 1876년 2월 27일 조일수호조규가 체결되자 수신사로 일본을 시찰한 김기수는 자신의『일동기유日東記游』에서 일본의 연활자를 "부드럽고 세밀하며 비교가 안 될 정도로 정밀하고 필요한 활자亦必字如茌細精工無比"[4]라고 평하고 있다. 이러한 연활자는 조선 후기의 동활자인 정유자丁酉字(1777년)나 정리자整理字(1796년)보다 가볍고 정교하며 활자 제작 비용을 절감할 수 있는 장점을 지니고 있었다. 그래서 정부는 박문국을 설치한 이후 연활자를 들여와 우리나라 최초의 근대 신문인『한성순보』창간호(음력 1883.10.1)를 발간하기에 이른다.

『한성순보』발간 이후 연활자의 사용은 점점 증가하였다. 안종수安宗洙(1859~1896)가 일본에서 수집한 각종 농서를 번역해서 엮은『농정신편農政新編』(4권 4책, 1895)이 목판화 도상을 넣어 발행되었고, 이어서 박문국에서 세계 51개국의 지도와 정치, 경제, 종교, 인구, 통상, 공업, 화폐에 관한 내용을 담은 개설서인『만국정표萬國政表』(4권 4책, 1896)를 발행하기도 했다. 동활자보다 정밀한 연활자의 사용은 점차 교과서, 신문, 잡지 등으로 확산되었고 일제강점기에는 딱지본과 같은 대중서적에 이르기까지 광범위하게 일반화되었다.

3   이주영,「활자본 고소설 개관」,『통속과 정념의 매혹, 옛날이야기 책을 만나다』, 아단문고, 2007.

4   이광린,『한국개화사연구』, 일조각, 1999, 92쪽.

2. 『옥중화』와 『증상연예옥중가인』에 실린 이도영의 목판화 도상은 언제부터인가?

『옥중화』에 실린 관재貫齋 이도영李道榮(1884~1933)의 목판화 도상이 구체적으로 언제, 어느 출판사에서 발행되기 시작되었는지의 여부를 알아보는 것은 1910년대 근대판화 연구의 중요한 문젯거리이다. 그동안 필자는 목판화 도상이 1912년 보급서관과 박문서관에서 발행된 『옥중화(춘향가연정)』 초판본부터 실렸을 것이라고 성급히 추론했었다. 한국현대목판화협회 회지인 『목판』 통권 제2호에 실린 필자의 원고 「일제강점 초기의 판화와 신찬대방초간독」에서 "1912년 보급서관 발행인 『옥중화(춘향가연정)』에는 단색판화 10점이 실려 있으며 이후 박문서관의 3판(1921), 4판(1929)에 실린 판화는 보급서관 초판본 판화와 동일하다"라고 언급하였다.[5] 초판본을 직접 확인하지 못했음에도 불구하고 초판본에도 목판화 도상이 당연히 실렸을 것이라고 속단했던 것이다. 또한 같은 원고에서 "동미서시에서 1913년에 발행한 『선한문춘향전』에도 2점의 판화가 있다"라고 기재했지만, 이번 원고를 쓰며 다시 분석해 본 결과 그것은 판화가 아닌 붓그림 도상이라는 확신을 하게 되었고, 1914년에 신구서림에서 발행한 『증상연예옥중가인』(국립중앙도서관 소장본)의 도상 8점도 판화가 아닌 붓그림이라는 판단을 갖게 되었다.

결과적으로 이 글은 『옥중화(춘향가연정)』 1913년 정정

삼간본부터 다시 살펴보면서 『목판』지에 수록한 글의 오류를 수정하고, 이도영의 목판화 도상을 연대순으로 재조명해 보는 과정을 밟게 될 것이다.

1)

보급서관에서 발행된 『옥중화(춘향가연정)』 정정삼간(訂正三刊, 1913.4.5. 오영식 소장본) 표제지에는 판화가 아닌 이도영이 붓으로 그린 〈리도령이 광한루에 춘향을 부르다〉(그림 4)라는 붓그림 도상 1점만이 실려 있다. 이 부분은 다른 소장본을 통해서 도상의 점수를 다시 재확인할 필요를 느낀다. 본문은 연활자로 인쇄하였으며 붓그림 도상 1점은 석판 인쇄한 것이다.

2)

보급서관에서 발행된 『옥중화(춘향가연정)』 정정사간(訂正四刊, 1913.12.9. 아단문고 소장본)에는 붓으로 그린 4점의 도상이 수록되었다. 〈리도령이 광한루에 춘향을 부르다〉, 〈오리덩에 리도령을 작별하다〉, 〈신관이 춘향을 형장치다〉, 〈어사가 춘향을 옥에 가두다〉 등이 그것이다. 이 붓그림 도상 4점은 이후 출간되는 옥중화 도상의 기반이 되며 보급서관 7판(정정칠간)에서는 정정사간에 실린 붓그림 도상 4점이 모두 목판화로 제작되어 실리게 된다. 이후 보급서관과 박문서관, 신구서림 등에서 출판된 『옥중화』 판화 도상은 이 판화를 토대로 4점에서부터 8점, 10점 등으로 확대되는 양상을 보인다.

3)

동미서시에서 발행된 『선한문춘향전鮮漢文春香傳』(1913.12.30.

---

5 아직까지 『옥중화』 초판본을 직접 보지는 못했지만 최근 들어 보급서관 발행의 『옥중화』 재판본(1913.1.10. 함태영 소장)에 도상이 없는 것을 확인했다. 이로 미루어 보아 초판본에도 도상이 없으리라고 짐작된다. 함태영 소장본인 『옥중화』 재판본은 다른 판본에 비해 판형(가로 15cm, 세로 22.3cm, 책 두께 1cm)이 큰 것이 특징이다.

그림 4 『옥중화(춘향가연정)』, 〈리도령이 광한루에 츈향을 부르다〉, 정정삼간訂正
三刊, 1913.4.5) 표제지

오영식 소장본)에도 먹 단색만으로 인쇄한 이도영의 단색 붓
그림 도상 〈츈향〉과 〈리도령〉 2점이 실려 있다. 춘향이의
저고리에 그려진 꽃무늬와 치마의 주름에서는 각의 맛보
다는 붓의 필세를 더욱 느끼게 되고, 이도령의 두루마리 주
름에서도 붓의 흐름이 자연스럽게 느껴진다.

4)

신구서림에서 발행된 『증상연예옥중가인漢鮮文春香傳』
(1914.4.30. 국립중앙도서관 소장본)의 채색표지는 이도영의

그림이다. 내지에도 채색그림 1점과 단색의 붓그림 8점
등 모두 9점의 이도영 도상이 수록되어 있다.

결과적으로 신구서림에서 1914년 4월 30일에 발행된
『옥중화』까지는 모두 붓그림 도상이다. 즉 그 이전에 간
행된 보급서관 발행의 초판(1912.8.27)과 재판(1913.1.10),
그리고 정정삼간(1913.4.5), 정정사간(1913.12.9), 5판
(1914.1.17), 6판(1914.2.5)까지 『옥중화(춘향가연정)』에는 이
도영의 목판화 도상은 없는 것으로 판단된다.[6]

5)

이해조가 편역하여 보급서관에서 발행된『옥중화(춘향
가연정)』(1914.12.25. 판권지 7판, 본문 정정칠간訂正七刊. 홍선웅 소장
본)에는 이도영의 단색목판화 도상 4점이 실려 있다. 이를
통해 『옥중화』에 수록된 이도영의 목판화 도상은 7판(정정
칠간)에 처음 수록되었음을 확인할 수 있다. 여기에 실린 4
점의 목판화 도상은 정정사간에 실린 붓그림 도상 4점과
동일한 것으로 보아 정정사간의 도상을 목판으로 다시 판
각하여 7판(정정칠간)에 실었다고 판단된다.

7판에 실린 목판화 도상의 제목을 열거하면 〈리도령이
광한루에 츈향을 부르다〉(그림 5), 〈오리뎡에 리도령을 작
별하다〉(그림 6), 〈신관이 춘향을 형장치다〉(그림 7), 〈어사
가 춘향을 옥에가 찻다〉(그림 8) 등이다. 이 4점의 목판화
도상들은 이후에 발간되는 『옥중화』 표제지나 본문에 실
리는 8점 및 10점의 목판화 도상 속에 중복하여 등장한다.

6 보급서관과 신구서림에서 발행한 『옥중화』의 각 판본별 발행일자는 함
   태영, 오영식, 홍선웅, 국립중앙도서관 소장본과 박진영의 「이해조와 신
   소설의 판권」(『근대서지』 제6호, 172쪽)을 참조했다.

그림 5 『옥중화(춘향가연정)』, 〈리도령이 광한루에 츈향을 부르다〉, 목판화, 1914 정정칠간(訂正七刊), 보급서관.

그림 6 『옥중화(춘향가연정)』, 〈오리뎡에 리도령을 작별하다〉, 목판화, 1914 정정칠간(訂正七刊), 보급서관

그림 7 『옥중화(춘향가연정)』, 〈신관이 츈향을 형장치다〉, 목판화, 1914 정정칠간(訂正七刊) 보급서관

그림 8 『옥중화(춘향가연정)』, 〈어사가 츈향을 옥에가 찻다〉, 목판화, 1914 정정칠간(訂正七刊), 보급서관

오래된 근대, 딱지본의 책그림

6)

옥련암에서 감교하여 신구서림에서 발행된 『증상연예옥중가인』(1916. 홍선웅 소장본, 판권지는 국립중앙도서관 소장본을 참조함)에는 3도의 다색목판화 도상 2점과 단색목판화 도상 8점 등 모두 10점의 판화도상이 본문 앞 표제지에 실려 있다. 그동안 표제지에는 대부분 다색의 칼라판 붓그림이 실렸는데, 이 책 표제지 앞부분에 실려 있는 〈碧潭에 秋月잣고 綠波에 芙蓉갓흔 츈향〉과 〈洛陽過客 風流豪士 리도령〉(그림 9) 2점은 3도 다색목판화라는 점에서 주

목할 만하다. 그 뒤를 이어 단색목판화 도상 8점이 수록되어 있다. 그 순서는 〈花煥荅城하고 萬和方暢한대 月姥繩 되는 방자, 在公敎子하던 리부사〉, 〈多樂多恨하고 能笑能泣하는 츈향모, 爲主爲郎하고 同苦同甘하는 향단〉, 〈新官卜學道와 新延下人行刊〉(그림 10), 〈行首妓生란주와 덥고에 等待한 모든기생〉, 〈반가운 解夢하는 장님 고마운 옥사덩, 츈향갓친獄〉, 〈竹杖芒鞋로 내려오는 리어사, 移秧歌부르는 모든농부〉, 〈金冠朝服으로 出道하여 드러가는 어사, 顚沛逃散하는 모든슈령〉(그림 11), 〈엉둥춤츄는 츈향모, 等

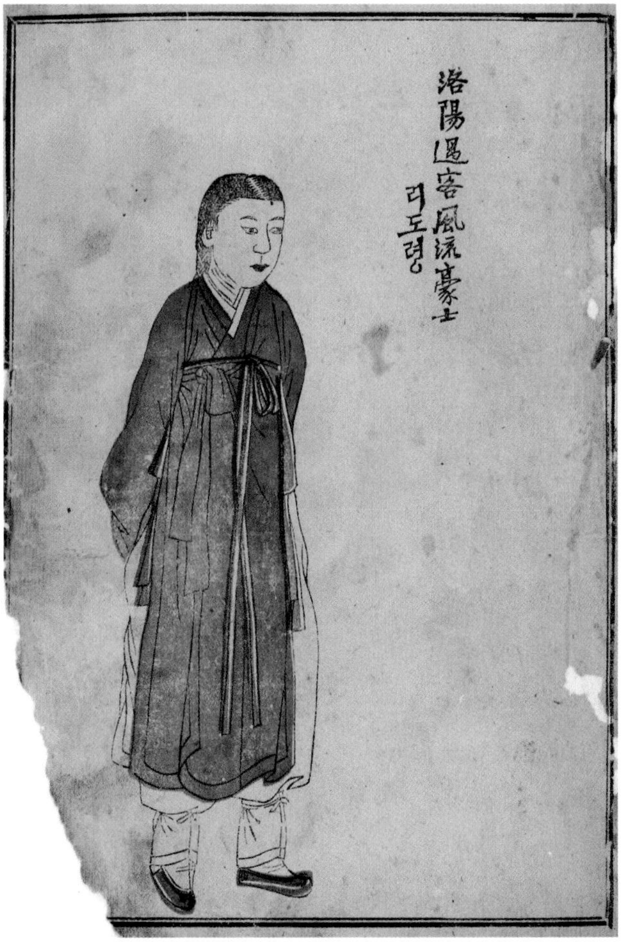

〈그림 9〉 『증상연예옥중가인』, 다색목판화, 〈洛陽過客 風流豪士 리도령〉, 1916, 신구서림

〈그림 10〉 『증상연예옥중가인』, 단색목판화, 〈新官卜學道와 新延下人行刊〉, 1916, 신구서림

狀들든 모든과부〉 등이다.

『증상연예옥중가인』(1916)에 실려 있는 이도영의 목판화 도상들은 보급서관의 『옥중화(춘향가연정)』 7판(정정칠간)에 실린 목판화 도상 4점과는 내용이 전혀 다른 판화이며, 1914년 4월 30일 신구서림에서 발행한 『증상연예옥중가인(한선문춘향전)』의 붓그림 도상 8점과 동일한 것이다. 이렇듯이 1914년과 1916년에 신구서림에서 발행의 『증상연예옥중가인』을 비교해보면 『증상연예옥중가인』에는 1916년판부터 목판화 도상이 실린 것으로 보인다.

〈그림 11〉『증상연예옥중가인』 단색목판화, 〈金冠朝服으로 出道하여 드러가는 어사, 顚市逃散하는 모든슈령〉, 1916, 신구서림

1916년판에 실린 8점의 목판화 도상은 이후 1926년에 지송욱이 발행한 『증상연예옥중가인』(판권지에는 초판으로 명기됨. 홍선웅 소장본)에도 똑같이 실린다.

7)

박문서관에서 발행된 17판(본문에는 정정구간으로 표시됨)으로 발행한 『옥중화(춘향가연정)』(1921.12.20. 오영식 소장본)의 표제지에는 채색 붓그림 1점이 있으며, 보급서관 7판(정정칠간)에서 고른 3점의 목판화 도상과 신구서림 1916년판의 『증상연예옥중가인』에서 고른 7점의 목판화 도상을 조합하여 모두 10점의 목판화 도상이 실려 있다.

8)

이후 박문서관에서 소화4년(1929.4.30, 4판[본문에는 정정구간 표시]. 홍선웅 소장본)에 발행된 『옥중화(춘향가연정)』에는 채색 붓그림 1점과 목판화 도상 10점이 실려 있는데, 1921년 박문서관 17판과는 채색 삽화만 다르고 목판화 도상은 모두 동일하다.

9)

아단문고의 전시도록인 『통속과 정념의 매혹, 옛날이야기 책을 만나다』(2007)에 수록된 『옥중절대가인獄中絶代佳人』(1925)은 영창서관에서 발행된 초판본이다. 표제지에는 화성華醒 이승철李承喆의 채색 붓그림 1점이 수록되어 있으며, 내지에는 우석愚石 김기창金基昶의 붓그림 도상 6점이 수록되어 있다. 필선이 거칠지만 목판화 도상으로 보기에는 각맛이 너무 드러나지 않아 판화로 보기는 어렵다. 그런데 김기창의 이 붓그림 도상은 이도영의 『옥중화(춘향가연

오래된 근대, 딱지본의 책그림

정)』목판화 도상을 모사한 것이기 때문에 1920년대에 들어 딱지본의 장정에도 신진 작가의 출현이 이루어졌음을 엿볼 수가 있다. 아직까지 화성과 우석 두 사람의 생몰연대에 대해 밝혀진 것은 없지만, 김기창은 같은 해인 1925년에 홍순모가 쓰고 덕흥서림에서 발행된『만고효녀 심청전』초판본에도 붓으로 그린 도상을 싣고 있다. 여기에도 이도영의 목판화로 보이는『심청전』(1920년 9판)의 도상 일부가 붓으로 모사되어 있다. 그러나 김기창이 이도영에게 판화도상의 영향을 받기는 했지만,『만고효년 심청전』

에서 보이듯이 그의 도상은 화면구성에 짜임새가 있고 인물묘사도 사실적이라는 점에서 이도영과는 또 다른 도상의 정형을 제시했다는 점에서 주목할 만하다.

표1은 지금까지 상술한 내용을 발행연도 순으로 재분류한 도표이다.

이 외에도 많은 춘향전 관련 딱지본이 발행되었는데 1910~1920년대의 주요 판본을 살펴보면 다음과 같다.『선한문춘향전鮮漢文春香傳』(동미서시, 1913),『증수춘향전增修春香傳』(영풍서관, 1913),『증상연예옥중가인』(신구서림, 1914),

표1

	책명	발행연도	저자	발행자	발행소	도상내용	소장자
1	옥중화(춘향가연정)	1912.8.17(초판)	이해조	김용준	박문서관		
2	옥중화(춘향가연정)	1912.8.27(초판)	이해조	김용준	보급서관		
3	옥중화(춘향가연정)	1913.1.10(재판)	이해조	김용준	보급서관	도상 없음	함태영
4	옥중화(춘향가연정)	1913.4.5(訂正三刊)	이해조	김용준	보급서관	붓그림 도상 1점	오영식
5	옥중화(춘향가연정)	1913.12.9(정정사간)	이해조	김용준	보급서관	붓그림 도상 4점	아단문고
6	선한문춘향전	1913.12.30	이용한	이용한	동미서시	붓그림 도상 2점	오영식
7	옥중화(춘향가연정)	1914.1.17(5판)	이해조	김용준	보급서관		
8	옥중화(춘향가연정)	1914.2.5(6판)	이해조	김용준	보급서관		
9	증상연예옥중가인 (한선문춘향전)	1914.4.30	지송욱	지송욱	신구서림	다색 붓그림 도상 1점, 단색 붓그림 도상 8점(총9점)	국립중앙도서관
10	옥중화(춘향가연정)	1914.12.25 (판권지 7판, 본문 정정칠간 표시)	이해조	김용준	보급서관	단색 목판화 도상 4점	홍선웅
11	증상연예옥중가인	1916(판권지 없음)	지송욱	지송욱 옥련암 감교	신구서림	3도 다색목판화 도상 2점, 단색목판화 도상 8점(총 10점)	홍선웅
12	옥중화(춘향가연정)	1921.12.20 (판권지 17판, 본문 정정구간 표시)	이해조	김용준	박문서관	다색 붓그림 도상 1점, 단색 목판화 도상 10점(총11점)	오영식
13	증상연예옥중가인	1926.12.20(초판)	지송욱	지송욱 옥련암 감교		다색 도상1점, 단색목판화 도상 8점	홍선웅
14	옥중화(춘향가연정)	1929.4.30 (판권지 4판, 본문 정정구간 표시)	이해조	노익형	박문서관	다색 붓그림 도상 1점, 목판화 도상 10점(총11점)	홍선웅
15	옥중절대가인 (선한문춘향전)	1925(초판)			영창서관	다색 붓그림 도상 1점(이승철), 단색 붓그림 도상 6점(김기창)	아단문고

『연정옥중화演訂獄中花』(1914),『특정신간옥중가화特正新刊獄中佳花』(1916),『언문춘향전』(박문서관, 1917),『옥중가화』(1918),『가인기우佳人奇遇』(대창서원, 1918),『절대가인』(대창서원, 1918),『옥중가인獄中佳人』(대창서원, 1925),『옥중절대가인』(영창서관, 1925) 등이 그것이다.

3. 조선 후기 풍속화를 습득한 이도영

『옥중화』에 나오는 목판화 도상 속의 인물 형상, 의복, 가옥 포치, 원근법에 의한 풍경의 화면구성 등은 조선 후기『오륜행실도』도상의 화면구성처럼 일시점 구성 방식을 취하면서도 사실적인 화법으로 그려져 있다. 조선시대의 행실도 전적은 판화도상 때문에『오륜행실도五倫行實圖』처럼 '집集'이나 '록錄'이 아닌 '도圖'로 표기되었다. 이것은 글 중심의 문文보다는 그림 중심의 화畵, 즉 도상인 판화를 중심으로 편찬했다는 것을 의미한다.[7]

또한 당대 최고 수준의 김홍도와 같은 도화서 화원이 밑그림을 그린 것으로 추정되는 만큼『오륜행실도』는 도상에 대한 예술적 가치를 높게 상정했음을 알 수가 있다. 그런 결과로 조선 후기의 판각문화는 높은 수준까지 도달할 수 있었으며, 대한제국 시대에도 민간교과서와 신문, 잡지에 많은 목판화 도상을 실을 수 있을 정도로 높은 기량을 유지하고 있었다. 특히 대한제국 시기에 출간된 민간교과서의 목판화 도상에는 일상적 삶과 풍경을 담은 사경풍속의 전통적 양식이 나타나고 있다. 이것은 대한제국 시

대까지도 조선 후기 판각문화 양식이 계승 발전되어 왔음을 말해준다. 그런데 이도영의 활동 면면을 살펴보면, 대한제국 시대의 출판물에서 목판화 도상을 담당했던 화가와 각수들이 일제강점기 초기, 즉 1910~1920년대에도 그 역할을 지속했을 가능성은 매우 농후하다.

『옥중화(춘향가연정)』와『증상연예옥중가인』에 실린 목판화 도상은 모두 이도영이 그린 것으로 붓의 가늘고 섬세한 필치에서 조선 풍속화의 사실주의적 미의식을 담은 전통적 화풍을 계승하고 있다.『옥중화』에 실린 이도영의 판화도상은 이야기의 핵심 내용을 판각한 것이면서도 인물의 배치나 자세, 배경이 되는 풍경 등에 나타나는 필치를 고려하면 조선 후기 풍속화의 영향을 크게 받았다고 판단된다. 그 이유는 다음과 같다.

첫째, 앞서 말한 조선 후기 행실도 판화의 화면구성법과 인물과 풍경을 조합하는 방식을 이도영은 이미 습득習得한 것으로 보인다. 둘째, 17세기 후반 조영석이 실사實寫를 통해 생활풍속의 멋을 즐겨 그렸듯이『옥중화』에 그려진 이도영의 인물의 형상과 화면구성도 대상을 직접 보고 그린 것처럼 즉물사진即物寫眞의 화법으로 현장감을 살리고 있다. 조영석의『사제첩』에 들어 있는 작품인 〈새참〉,〈바느질〉의 인물형상과 유생의 여가생활을 묘사한 〈장기 두는 사람들賢已圖〉에서 보이는 것처럼 이도영 역시 이러한 점을 습득했다고 판단된다. 셋째, 중인화가이자 김홍도에게 영향을 준 담졸澹拙 강희언姜熙彦(1738~1792년경)의『사인삼경도첩士人三景圖帖』에 실린 앉아 있는 선비의 의습이나 얼굴 표정 등에서도 이도영은 영향을 받은 것으로 보인다. 이러한 점은『옥중화(춘향가연정)』(박문서관, 1929년 4판) 중 〈御使道가 本官生日 잔치에 들어가니 눈치있는 雲峯營將.

7   송일기·이태호,「조선시대 행실도 판본 및 판화에 관한 연구」,『서지학연구』제21집 별책, 2001, 82쪽.

妓生식혀術勸한다〉라는 판화도상에 나타난 양반들의 모습이 강희언의 〈그림 그리기〉 속에 나타난 양반의 모습과 매우 유사하다는 데서 확인된다.

그럼에도 불구하고 『옥중화』에 실린 이도영의 인물형상은 풍류적 사경풍속을 정착시킨 단원檀園 김홍도金弘道(1745~1806)의 영향을 가장 많이 받았다고 볼 수 있다. 이도영의 성숙된 인물의 필세를 김홍도의 『풍속화첩』에 실린 여러 그림들과 비교할 때 인물의 형상과 얼굴의 표정에서 김홍도 화풍을 쉽게 발견할 수 있기 때문이다. 특히 김홍도의 〈우물가〉에서 두레박으로 물을 긷고 있는 아낙네의 인물 품새나 저고리나 치마의 옷주름에서 보이는 형상들은 이도영의 『증상연예옥중가인』(신구서림, 1916년)에 나오는 〈等狀들든 모든과부〉의 여인들 형상과 매우 흡사한 느낌을 준다. 그리고 김홍도 풍속화의 대표작인 〈씨름〉과 〈타작〉에서 보이는 인물의 유쾌한 표정 역시 이도영에게 큰 영향을 미친 것으로 판단된다. 보급서관에서 발행한 『옥중화(춘향가연정)』(1914.12.25, 정정칠간) 중 〈신관이 춘향을 형장치다〉의 판화도상을 보면 춘향이에게 태형을 치며 능청떠는 포졸의 얼굴을 통해 김홍도와 같은 필세를 공감할 수 있기 때문이다.

이 외에도 김홍도 풍속화풍을 배운 긍재兢齋 김득신金得臣(1754~1882)의 〈행락도〉에 묘사된 풍경과 인물의 조합이나 자연과 조화를 이루는 사경풍속의 면모 역시 『옥중화』 도상에 영향을 끼친 것으로 여겨진다. 또한 혜원蕙園 신윤복申潤福의 섬세한 여속 품새와 한량한 사대부의 모습도 『옥중화』 도상에 잘 반영되어 나타난다. 19세기 초반 작품인 『혜원풍속도첩蕙園風俗圖帖』(간송미술관 소장)의 〈연당야유蓮塘野遊〉에 제시된 의관정대하고 서있는 사대부의 모습은 『옥중화』에서 의관을 갖춘 이 부사의 모습이나 춘향이가 갇혀 있는 옥을 찾아간 이도령의 모습과 매우 흡사하기 때문이다. 그리고 앞에서 언급한 〈御使道가 本官生日 잔치에 들어가니 눈치있는 雲峯營將. 妓生식혀術勸한다〉라는 도상에 나타난 인물의 형상이나 의복의 묘사가 〈연당야유〉 속의 양반들의 품새와 비슷하게 이루어져 있기도 하다.

이처럼 이도영은 조영석을 비롯해서 김홍도, 김득신, 신윤복에 이르기까지 조선 후기 풍속화가의 일면을 전반적으로 학습한 것으로 분석된다. 그렇기 때문에 이도영은 풍속화가 지닌 풍부하고 생생한 새로운 양식을 잘 활용하여 『대한민보』 시사만평과 딱지본 고소설인 『옥중화(춘향가연정)』 및 『증상연에옥중가인』의 판화도상을 통해 나름대로의 독자적인 화풍을 창조할 수 있었던 것이다.

4. 대한국민교육회 시절과 딱지본 고소설 표지화

이도영은 15세 때부터 전환국에서 동전 제조에 관한 금속 성분을 연구하다가 그곳에서 설계 도안을 가르치던 소림小琳 조석진趙錫晉(1853~1920)을 만나 석판기술과 도안술을 배우면서 그림에 관심을 갖게 되었다. 한편 심전心田 안중식安中植(1861~1919)은 일본에서 돌아온 후 1902년 고종 등극 40주년을 기념하여 채용신蔡龍臣(1850~1941), 조석진과 함께 어용화사御容畫師로서 고종의 초상을 그리게 된다. 이도영은 1903년부터 안중식의 개인 화숙인 경묵당耕墨堂에 들어가 안중식을 화업의 스승으로 모시며 본격적으로 그림 공부에 입문한다. 그의 나이 20세 때였다.[8] 그리고

8 최열, 『화전』, 청년사, 2004, 78쪽.

1905년 11월부터는 대한국민교육회에서 준비 중인 교과서 편찬업무에 관여하였고, 광무10년(1906) 10월에 4책 8권으로 발행된 『초등소학』의 목판화 도상 제작에 참여한 것으로 짐작된다.[9] 그런데 이도영은 대한국민교육회에서 편찬업무를 보기 시작하기 두 달 전인 1905년 9월부터 이미 휘문의숙 편집부 일에도 관여하고 있었다. 그래서 휘문의숙 편집부 편찬으로 광무10년(1906.11.30)에 발행한 『고등소학독본』의 목판화 도상 제작에도 참여했을 가능성도 크다고 여겨진다.

『초등소학』은 1906~1907년에 대한국민교육회에서 국한문혼용체로 간행했으며 모두 4책 8권으로 구성된 국어교과서이다. 그리고 1906년 9월 5일 이용익이 학부에서 설립허가를 받아 사립보성중학교를 창설하자 이도영은 다시 보성중학교의 도화교사를 맡기도 했다. 이런 사실을 종합해 보면 이도영은 1906년에만 대한국민교육회 교과서 편찬업무와 휘문의숙 편집부, 보성중학교 도화교사를 동시에 맡은 것으로 보인다.

그리고 다음해인 1907년에 『초등소학』 편집을 완료하고 7월에는 안중식, 조석진, 김규진, 양기훈楊基薰(1843~1910?), 김유탁金有鐸(1875~1921 이후) 등과 함께 전문 미술 교육기관인 교육서화관 발기회에 참가하였다. 또한 같은 해에 공예학교인 관립공업전습소가 만들어지자 기수技手가 되었으며, 1908년 3월에는 학부에서 발간한 『도화임본圖畵臨本』 4권을 저술했다. 그리고 1909년 6월 2일 오세창이 『대한민보』를 창간하자 창간호부터 제357호로 폐간

(1910.8.31)될 때까지 목판화로 제작한 시사만평을 연재하였다. 『대한민보』에 연재한 이도영의 시사만평은 우리나라 만평의 효시를 이룬다는 점에서 중요한 기점이 된다. 일반적으로 이도영의 작품세계를 평가할 때 산수화나 화조화, 영모화, 인물화, 기명절지화 등 전통회화를 그 대상으로 삼을 수도 있지만, 시사만평이나 출판미술의 선구자라는 점을 간과해서는 안 된다. 이도영은 대한제국 시대와 1910년대의 근대미술사를 논하는 데 있어서 중요한 분기점이 되기 때문이다.

1907년 11월 10일 오세창吳世昌(1864~1953) 등 천도교 대표들은 대한협회를 창립하였다. 이때 이도영은 대한협회의 교육부원으로 일하게 되었고, 대한협회의 교육부장을 맡고 있던 이해조를 만나게 된다. 대한협회는 출판미술가 이도영과 신소설 작가 이해조를 이어주는 매개체였던 셈이다. 이해조가 판소리 명창인 박기홍의 춘향가 사설을 개작한 『옥중화』를 『매일신보』(1912.1.1~3.16)에 연재한 후, 박문서관(1912.8.17)과 보급서관(1912.8.27)에서 단행본으로 발행할 때에 이도영은 『옥중화(춘향가연정)』의 표지화를 그리게 된다. 그리고 이후에 발간되는 『옥중화』의 표제지 및 본문의 붓그림 도상과 목판화 도상을 지속적으로 제작하며 이해조와의 인연을 이어갔다.

이해조의 『옥중화』 이외에 이도영은 많은 출판미술에 관여하였다. 우선 1908년에 가상현실을 통해 우화적인 이상향을 다룬 유원표의 『몽견제갈량夢見諸葛亮』 내지에 붓그림 도상 2점을 그렸고, 같은 해에는 구시대적 인습에 대해 비판한 이해조의 『홍도화紅桃花』(유일서관, 1908)(그림 12)와 이인직의 『치악산』(유일서관, 1908)(그림 13)의 앞표지를 장정하기도 했다. 한편 같은 해에 조석진도 이해조의 번안

9 홍선표는 『한국근대미술사』(시공사, 2009)를 통해 1906년 대한국민교육회에서 편찬한 『초등소학』, 보성관에서 발행된 『초등소학』(1906년경), 천도교 소학생용 교재로 추정되는 『몽학필독』(1906년경 추정)의 삽화는 이도영이 제작했을 가능성이 높다고 밝힌 바 있다.

그림 12 『홍도화(紅桃花)』의 앞표지

그림 13 『치악산』의 앞표지

소설인 『철세계鐵世界』(회동서관, 1907)의 앞표지를 그렸다는 점도 주목할 필요가 있다. 이어서 이도영은 1909년에 최병헌의 종교소설 『성상명경聖上明鏡』(황화서재, 1909)과 1913년에는 『옥중화(춘향가연정)』(보급서관 정정삼간)의 표제지에 붓그림을 그렸는데, 1913년에 안중식도 신문관에서 최남선이 발행한 『붉은 저고리』 창간호(1913.1.15)와 제2호, 제3호(1913)에 붓으로 그린 도상을 게재하였다. 이어서 안중식은 신문관에서 최남선이 발행한 또 다른 잡지인 『청춘』 제2호(1914.11.1), 제4호(1915.1.1)에 붓으로 그린 도상을 남기기도 했다. 조석진도 같은 시기에 『붉은 저고리』 제

2호(1913)와 제11호(1913)에 붓그림 도상을 장식하고 있다. 이런 사실을 미루어 본다면, 안중식, 조석진, 이도영은 1910년대에 잡지의 도상과 딱지본 고소설 표지 등 근대 출판미술의 선구적 역할을 담당했다고 평가할 수 있다.

이후에도 이도영은 많은 딱지본 소설의 표지화를 그렸는데 이것들을 시대순으로 열거하면 다음과 같다. 박문서관 발행 『옥중화(춘향가연정)』(이해조, 1912.1.8.17)(그림 14), 회동서관 발행 『강상월江上月』(저자 겸 발행자 고유상, 1913.1.7)(그림 15), 보급서관 발행 『황금탑』(저자 겸 발행자 김용준, 1913.1.10)(그림 16), 유일서관 발행 『박연폭포』(편집겸 발행

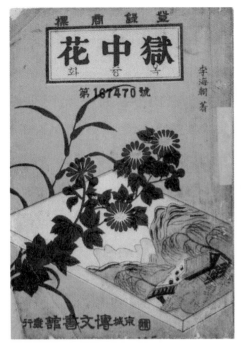  

그림 14 『옥중화(춘향가연정)』의 앞표지　　　　　그림 15 『강상월(江上月)』의 앞표지　　　　　그림 16 『황금탑』의 앞표지

자 남궁준, 1913.2.7), 동양서원 발행『추풍감수록秋風感樹錄』(저
자 겸 발행자 민준호, 1913.2.15), 동양서원 발행『행락도行樂圖』
(저자 겸 발행자 민준호, 1913.4.10), 박문서관 발행『형월螢月』
(저자 겸 발행자 노익형, 1915.1.25), 동양서원 발행『십오소호
걸十五少豪傑』(역술 겸 발행자 민준호, 1913.2.5) 등이 그것이다.
한편 이도영의 마지막 딱지본 표지화는 박문서관에서 발
행된『강상기우江上奇遇』(저자 겸 발행자 노익형, 1924.8.30)일 것
으로 추정된다.

5.『옥중화』와『증상연예옥중가인』에 나타난 이도영 목판화 도상의 특징

이해조는『옥중화』의 연재가 끝나자 그 뒤를 이어『심
청전』을 개작한『강상련』과『흥부전』을 개작한『연의 각』,
『토끼전』을 개작한『토의 간』을『매일신보』에 잇달아 연재
하였다. 그리고 연재한 작품들은 모두 단행본으로 출간했
는데, 이중에서도『옥중화』는 대중의 호응이 매우 커서 판
수를 거듭하며 여러 출판사에서 이본들을 발간하였다. 특
히『옥중화』는 1913년 정정삼간부터 세필붓으로 정교하
게 그린 도상을 석판 인쇄하여 본문에 실었으며, 1914년
7판(정정칠간, 1914.12.25)서부터는 목판화 도상을 수록하였
다. 단단한 널판에 판각한 목판을 연활자와 한판에 조판해
서 인쇄하는 것이 석판인쇄보다 기술적으로 쉽고 대량 인

쇄도 가능했기 때문이다.

그러면 이도영의 판화가 집중되어 있는 보급서관과 박문서관의 『옥중화(춘향가연정)』와 신구서림의 『증상연예옥중가인』을 1910년대와 1920년대로 구분하여 붓그림과 목판화 도상에 나타난 특징을 살펴보도록 하자.

① 『옥중화(춘향가연정)』, 대정2년 정정삼간(1913.4.5), 저자 이해조, 발행자 김용준, 발행소 보급서관, 인쇄소 조선복음인쇄소, 오영식 소장본

이해조의 박문서관 『옥중화(춘향가연정)』 초판본은 1912년 8월 17일에, 보급서관 초판본은 1912년 8월 27일에 발행되었다. 다색의 표지그림은 이도영이 그린 것으로 표지에는 광한루 그림이 있는 책 한 권을 그려 넣었고, 그 책 위에 붉은색 국화와 노란국화 그리고 갈대를 하나씩 그려서 표지를 장식했다. 이 초판본의 표지는 판수를 거듭하면서 똑같은 표지로 인쇄되었다.

보급서관과 박문서관 초판본에 붓그림 도상이 한 점이라도 수록되어 있는지 확인하지 못했지만, 『옥중화(춘향가연정)』 재판본(보급서원, 1913.1.10. 함태형 소장본)에는 도상이 없는 것을 확인하였다. 『옥중화(춘향가연정)』 정정삼간(1913.4.5. 오영식 소장본)에는 이도영이 붓으로 그린 도상 1점이 표제지에 수록되어 있고, 정정사간(1913.12.9)에는 이도영의 붓그림 도상 4점이 본문에 실려 있다. 정정삼간에 수록된 붓그림 도상의 제목은 〈리도령이 광한루에 츈향을 부르다〉이다. 이도령은 저 멀리 광한루에 앉아있고 그네를 막 타려는 춘향이에게 방자를 시켜 만남을 요청하고 있는 장면이다.

이 그림은 버드나무 아래에서 이야기를 나누는 춘향과 방자 두 사람이 중심을 이루고 있다. 그리고 그 뒤로는 냇가와 광한루가 중경으로 자리 잡고 있으며 멀리 산이 원경으로 보이는 서정적인 풍경이다. 가는 세필붓으로 인물과 풍경을 원근법에 의해 사실적으로 표현한 작품으로 대상을 직접 보고 그린 듯한 즉물사진即物寫眞의 사경풍속화법을 따르고 있다. 이 도상은 『옥중화』 도상 중에서 조선 후기의 사실정신이 인물과 풍경 속에서 가장 잘 드러난 작품이다.

② 『선한문춘향전鮮漢文春香傳』, 1913년 12월 30일 발행, 저작 겸 발행자 이용한李容漢, 동미서시 발행, 조선복음인쇄소(신창균) 인쇄, 오영식 소장본

1912년 『매일신보』에 연재되었던 이해조의 『옥중화』가 인기를 얻으면서 보급서관과 박문서관에서 판수를 거듭하며 여러 차례 출간되자, 동미서시에서도 이용한이 한글과 한문을 혼용해 저술한 『춘향전』을 출판하였다. 이 책은 세로줄의 한글 옆에 한문으로 토를 달아 놓고 있다. 이도영의 낙관은 없지만 표지는 이도영의 채색그림으로 추측되며, 표제지 두 곳에 붓으로 그린 〈춘향〉과 〈이도령〉의 인물도상 2점에는 '貫齋'라는 낙관이 찍혀 있다.

이도령의 두루마리와 춘향의 치마 및 저고리의 주름 선을 무르익은 필치로 머리카락처럼 세밀하게 그려 반듯한 인물형상을 보여주고 있으며, 복식을 통해 당시의 생활풍속을 전달하고 있다

③ 『증상연예 옥중가인(한선문춘향전)』, 1914년 4월 30일 발행, 저자 겸 발행자 지송욱池松旭, 발행소 신구서림, 이도영 붓그림 8점(내지), 국립중앙도서관 소장본

1914년판 신구서림의 『증상연예 옥중가인』은 국한문

혼용으로 표기되어 있으며, 채색 표지와 도상 8점을 모두 이도영이 붓으로 그렸다. 이도영은 한동안 보급서관과 긴밀한 관계를 유지했지만 이 책을 계기로 신구서림과도 연관을 갖기 시작한 것으로 보인다.

④ 『옥중화(춘향가연정)』, 편역자 이해조, 발행자 김용준, 1914년 12월 25일 발행, 정정칠간, 발행소 보급서관, 조선복음인쇄소(정경덕), 홍선웅 소장본

이 책에는 이도영의 목판화 도상 4점이 수록되어 있는데 표제지에 1점, 그리고 본문에 3점의 도상이 있다. 앞에 언급한 1914년 4월 30일 발행한 신구서림 『옥중화(춘향가연정)』에는 붓그림으로 된 도상만 실렸기 때문에 같은 해 2월 5일자(정정육간) 보급서관에서 발행된 『옥중화(춘향가연정)』에도 붓그림 도상만 실렸을 것으로 추측된다. 그렇다면 보급서관 정정육간(1914.2.5) 다음에 나온 『옥중화』 정정칠간(1914.12.25)에 실린 4점의 판화도상은 『옥중화(춘향가연정)』에서 처음 등장하는 판화도상이자 딱지본 고소설에서도 최초의 목판화 도상이라는 의의를 지닌다. 이 4점의 판화도상을 통해 분석할 수 있는 이도영 판화의 특징은 다음과 같다.

가. 〈리도령이 광한루에 춘향을 부르다〉

이 목판화 도상은 이도영이 필사한 밑그림을 정교하게 판각하였기 때문에 정정삼간에 실린 붓그림 도상과의 구별이 어려울 정도이다. 판각한 각수에 대한 기록이 없어서 현재로서는 누구의 각刻인지 알 수는 없지만, 머리카락처럼 가는 필선을 깨트리지 않고 고른 각선으로 군더더기 없이 깨끗하게 마무리한 솜씨로 보아 대단한 실력을 지닌 각

수임은 분명하다. 이것만 보더라도 1910년대의 판각문화가 얼마나 우세하였는지를 짐작할 수 있다. 부연하자면 각수의 실체는 시기적으로 볼 때 1909년부터 19010년까지 『대한민보』에서 이도영의 시사만평을 판각했던 이우승일 것으로 조심스레 추정되지만 그 정확한 근거는 아직 없다.

이 판화는 광한루를 배경으로 인물과 풍경이 조화를 이루는 사경풍속의 구성미가 돋보이는 양각판화이다. 각법에서는 도상의 중상中上 부분에 있는 버드나무 가지의 양각이 눈에 띄며 관모를 쓴 방자의 인물모습에서는 음양각의 흔적을 교감하게 해준다. 전체적으로 조선 후기의 『오륜행실도』 도상의 전통 판각기법을 따르고 있다. 이러한 세밀한 선묘 중심의 판각은 망치로 칼등을 치는 타각打刻 기법인 도타법刀打法보다는 창칼에 왼손 엄지를 대고 칼을 잡은 오른손을 가슴 안쪽으로 끌어당기며 판각하는 인각引刻 기법을 사용하는 것이 정례이다. 그래야 가는 각선을 깨지 않고 정밀하게 판각할 수 있기 때문이다. 버드나무 가지의 여백과 기와지붕, 나무 이파리의 여백은 평칼로 따내듯 판각하였다.

또한 이 도상은 조선 후기 김홍도의 『행려풍속도行旅風俗圖 병풍』 중에 있는 〈목화밭〉(1778)이나 19세기 중후반 이한철李漢喆(1808~1880 이후)이 그린 『경직도 10폭 병풍』 중에 있는 〈모내기〉처럼 인물과 산수가 근경과 중경, 원경 속에 조화를 이루는 사경풍속의 진면목을 잘 보여주고 있다.

나. 〈오리덩에 리도령을 작별하다〉

말을 타고 한양으로 떠나는 이도령과 방자의 모습을 멀리서 눈물을 훔치며 바라보는 춘향이와 향단이의 모습을 그리고 있다. 이 판화도상은 앞의 도상보다 화면구성이 복

잡하지 않고 단순하다. 인물의 단아한 필선과 단출한 풍경에서는 고전적 시의詩意가 엿보이는 산수인물화 형식을 취하고 있다. 여백이 많아서 다른 도상보다 전체적으로 각선이 굵게 나타나며 화제의 글자와 나뭇가지, 나뭇잎, 산등성 바위의 준법 등에서 쉽게 각의 흔적을 발견할 수 있다. 각선은 대부분 인각기법으로 처리했으며 평칼로 여백을 깨끗하게 정리하였다.

다. 〈신관이 츈향을 형장치다〉

춘향이 남원부사로 온 변학도의 수청을 거절한 후, 감영에서 춘향이를 의자에 묶어놓고 형장을 치는 장면이다. 이 판화도상은 옥중화에서 가장 많이 등장하는 도상이며 1915년에 시천교총부에서 발행한 『회상영적실기繪像靈蹟實記』의 52점 판화도상 중에서 〈옥우진동도屋宇震動圖〉 판화도상과도 매우 흡사하다.

감영인 가옥의 석단과 기와지붕을 받치고 있는 나무기둥의 포치와 방안에서 밖을 내다보며 심문하는 사또의 모습, 수기하는 아전, 춘향이를 둘러싼 관졸들의 인물 배치와 능청을 떠는 듯한 얼굴 표정에서 두 판화 도상은 화면구성에서 너무도 닮아 있다. 이 두 도상은 이도영의 대부분 판화에서 보이는 선묘에 의한 전통적인 양각기법의 특성이 잘 나타난다. 조영석의 속화에 나타나는 실사實寫의 정신이 이들 판화도상에 담겨있으며, 인물표정의 경우 18세기 후반 김홍도의 『풍속화첩』에서 영향 받은 자취도 확인된다.

라. 〈어사가 춘향을 옥에가 찻다〉

어사가 된 이도령은 신분을 감추고 감옥에 갇힌 춘향이를 찾아간다. 달이 떠 있는 늦은 밤에 이도령은 목에 칼을 쓴 채 창살 너머로 손을 내민 춘향이의 손목을 잡고 있다. 이도령 옆에는 향단이가 초롱불을 들고 있고 춘향 모는 화난 표정을 한 채 손으로 이도령을 가리키고 있다.

나뭇잎과 풀의 표현에서 평칼로 끊어 내듯 각 맛을 잘 드러내고 있고, 이도령과 춘향 모의 얼굴 표정에서 이도영의 섬세한 묘사력이 돋보인다. 안정적이고 탄탄한 인물도상의 표현에서 높은 예술성을 지닌 이도영 식의 사경풍속 전형을 발견할 수 있다.

⑤『증상연예 옥중가인』, 대정5년(1916년), 옥련암玉蓮菴 감교, 고우정북창본古優丁北平唱本, 이도영의 목판화 도상 10점, 신구서림 발행, 홍선웅 소장본

이 책의 1916년 판에는 다색목판화 도상 2점과 단색목판화 8점 등 모두 10점의 목판화 도상이 수록되었다. 모두 이도영의 작품이며, 각이 선명하고 인쇄가 깨끗하다.『증상연예 옥중가인』은 옥련암 감교인데 1914년판에는 칼라 도상 1점과 목판화 8점이 있고, 1926년판(홍선웅 소장)에는 칼라 도상 1점과 단색 목판화 8점이 수록되었다.

신구서림 발행『증상연예 옥중가인』에는 보급서관 발행『옥중화(춘향가연정)』와는 다른 새로운 목판화 도상이 실렸다. 여기서는 1916년판『증상연예 옥중가인』의 목판화 도상 10점 중에서 4점만을 선정해 내용과 각법의 특징을 살펴보도록 한다.

가. 〈碧潭에 秋月갓고 綠波에 芙蓉갓흔 춘향〉

이 도상은 3도로 찍은 다색목판화이다. 다색목판화는 옅은 색을 먼저 찍고 그 다음 진한 색을 찍고 마지막에 검정색으로 찍는다. 이러한 인출방법은 일본 에도시대의 전

통목판화인 우끼요에浮世繪와는 정반대이다. 우끼요에는 수성 안료를 사용하는데 먹색을 먼저 찍고 가늠자(겐토)에 종이를 맞춘 다음 옅은 색부터 하나씩 찍어 나간다.

이 도상 우상右上에 쓰인 화제는 '옥 같은 푸른 호수에 뜬 가을 같고, 푸른 물결에 담긴 미소 같은 춘향이'란 뜻이다. 이 판화는 춘향이의 적색 치마와 노란색 저고리, 먹색으로 찍은 춘향이의 전신 인물상까지 3도로 구성되어 있다. 부채를 들고 있는 춘향이의 앞면과 측면 전신상은 흑색이 선명하지만 전체적으로 색이 흐리게 인출되었다.

이 판화 역시 선을 중심으로 한 양각판화이며 머리카락처럼 가는 선각은 조각도를 안으로 끌어당기는 전통적인 인각기법을 사용한 것이다. 실선처럼 가는 선각은 타각기법인 도타법을 사용할 때 판선板線이 깨질 위험이 있기 때문이다. 정조 때의 『부모은중경』 목판화도상과 『오륜행실도』 판화도상 각법도 바로 인각기법이다. 이러한 인각기법은 단단한 나무에 각을 할 때 타각보다는 더디고 시간이 많이 걸리는 단점이 있지만 세밀하고 사실적인 묘사가 가능하다는 장점이 있다. 춘향이 머리카락의 세밀한 음각선은 1~1.5mm의 날이 가는 세모칼로 각을 해서 표현했으며, 여백은 말끔하게 평칼로 다듬어 전체적으로 인출상태가 양호하다.

나. 〈洛陽過客 風流豪士 리도령〉

이 도상 역시 3도로 찍은 다색목판화이다. 이도령의 적색 두루마리와 녹색 끈과 신발, 그리고 먹색으로 찍은 인물 전신상에서 적색 두루마리가 유난히 강하게 인쇄되어 있다. 판각은 가는 선각의 양각판화이다. 앞서 말했듯이 이렇게 머리카락처럼 가늘고 세밀한 선을 각하기 위해서는 판

선이 깨지지 않게 인각기법을 사용해서 판각하는데, 몸 안쪽으로 창칼을 당길 때 칼이 미끄러지지 않도록 왼손 엄지손가락으로 칼을 받치면서 각을 한다. 음각한 이도령 머리의 가르마는 1~1.5mm의 가는 세모칼을 사용하였다.

다. 〈花煥葟城하고 萬和方暢한대 月姥繩되는 방자, '在公敎子하던 리부사〉

화제는 '봄날 성안에 꽃은 흐드러지게 피고 온갖 생명이 바야흐로 화창하게 깨어나는 때에 월하노인의 붉은 줄이 되어주는 방자'이다. 이부사 앞에서 두 손을 모으고 머리를 숙여 예를 갖추고 있는 방자의 모습을 그리고 있다. 두 인물을 마치 붓으로 필사한 것처럼 섬세하게 판각하였다.

조선 초기의 초상화로는 왕의 초상인 어진御眞과 양반 사대부의 초상만이 전해오지만, 조선 후기에 들어 초상화 제작은 하급 관리나 서민들에게까지 확대되었다. 의자에 앉아있는 이부사의 의좌상倚座像과 서있는 방자의 입상立像을 그린 풍속화적 성격을 지닌 초상화이다.

라. 〈多樂多恨하고 能笑能泣하는 츈향모, 爲主爲郎하고 同苦同甘하는 향단〉

화제는 '흥 많고 한도 많고 잘 웃고 잘도 우는 춘향모친'과 '주인위해 낭군위해 함께 고생하고 함께 기꺼워하는 향단이'란 뜻이다. 양각에 의한 단색목판화인데 『옥중화』에서 춘향모와 상단이의 인물을 가장 잘 전형화시키고 있다. 이 두 사람의 인물 형태가 다른 목판화 도상에서도 많이 나타나기에 이도영 판화의 진위를 구별하는 데 많은 참고가 되는 판화이다.

지금까지 이해조가 쓰고 김용준이 1914년 12월 25일에 보급서관에서 발행한 『옥중화(춘향가연정)』 정정칠간과 옥련암에서 감교하여 1916년 신구서림에서 발행한 『증상연예옥중가인』을 중심으로 이도영 판화도상의 특징을 살펴보았다.

대한제국 시기에 간행된 민간교과서의 판화도상들이 아이들뿐만 아니라 어른들에게도 많은 호응을 얻은 것처럼 딱지본 고소설 『옥중화』에 실린 이도영의 목판화 도상은 대중적 인기를 차지하기에 충분했을 것이다. 물론 이때의 서적들이 근대적 가치관으로의 변화를 모색하고 있기 때문에 문학의 대중적 확산을 가져왔던 것은 사실이다. 하지만 이도영을 중심으로 화가들이 그린 딱지본의 호화스러운 표지가 주는 시각적 효과도 출판문화의 확산에 큰 기여를 한 점 역시 부인할 수는 없다. 딱지본 속지의 붓그림과 목판화 도상도 사실주의에 기반을 두고 있기 때문에 대중의 접근을 용이하게 하면서 소설의 내용을 흥미롭게 이해시키는 몫을 단단히 하고 있기 때문이다.

또한 개화기에 도입된 연활자와 수동식 활판기는 인쇄문화의 혁신을 가져올 정도로 딱지본 고소설의 확산에 기여하였다. 그림을 판각한 목판을 연활자와 함께 조판하여 프레스기로 인쇄하는 것은 까다로운 석판인쇄보다 출판물을 대량으로 생산하기 수월했던 점도 목판화 도상이 널리 사용된 이유 중의 하나이다.

조선시대부터 행실도 판화와 불교 경전의 변상판화를 제작하여 훌륭한 판각문화를 전래시킨 결과 개화기 이후 근대에 들어서도 신문, 시사잡지, 교과서 등에 목판화 도상을 사용하여 판각문화의 면모를 일신할 수 있었다. 특히 이도영은 『대한민보』 시사만평을 통해 자주독립의 의지와 민족주의 의식을 일깨우는 등 작가로서의 시대적 소명과 책무를 다하려고 노력했다. 퇴조해 가던 조선 후기 풍속화의 양식을 개화기와 1910년대에 생동감 넘치는 필세와 현실감 있는 감각으로 재현하여 근대 풍속화의 새로운 길잡이 역할을 담당했다는 점은 근대 미술사에서 이도영의 판각문화가 차지하는 절대적인 위상일 수밖에 없다.

수록 딱지본 목록

1. 딱지본 이전의 책표지

도서명	저/역/편/발행자	발행처	발행일
월남망국사(越南亡國史)	현채(玄采)(譯)	보성관	1906.11
월남망국ᄉ	주시경(周時經)(역)	박문서관	1907.11.30[1]
라란부인전	역자 미상	대한매일신보사	1907.8(초) (재간=1908.7)
서사건국지(瑞士建國誌)	박은식(朴殷植)(역)	대한매일신보사	1907.8
셔ᄉ건국지	김병현(역)	박문서관	1907.11.11
鬼의 聲(上)	이인직(李人稙)	광학서포	1907.10.3
鬼의 聲(下)	이인직	광학서포	1908.7.25
이국부인젼(愛國婦人傳)	장지연(張志淵)	광학서포	1907.10.3
이국정신담(愛國精神談)	이채우(李埰雨)(역)	중앙서관	1908.1
血의 淚	이인직	광학서포	1908.3.27(재) (초=1907.3.17)
화성돈전(華盛頓傳)	이해조(李海朝)(역술)	회동서관	1908.4
경부텰도노래	최남선(崔南善)	신문관	1908.5.10(三) (초=1908.3.20, 재=4.20)
이태리소년	이보상(李輔相)	중앙서관	1908.10.28
한양노래	최남선	신문관	1908.10.15
강감찬전(姜邯贊傳)	우기선(禹基善)(편)	현공렴가	1908.7.15
이충무공실기(李忠武公實記)	이분(李芬)	현공렴가	1908.7.15
나빈손표류기(羅賓孫漂流記)	김찬(金價)(역술)	의진사	1908.9.10
경국미담(經國美談)(권상)(권하)	현공렴(玄公廉)(역술 및 발행)		1908.9
피터대제(彼得大帝傳)	김연창(金演昶)(역술) 신채호(申采浩)(교열)	광학서포	1908.11.5
은세계(銀世界)	이해조	동문사	1908.11.20
계명성	이풍호(李豊鎬)	보문사	1908.12
[일본] 장빈(張嬪)	福地源一郎	庚寅新誌社	1894(明治27).12.23
[중국] 한모란(寒牡丹)(卷下)	錢唐吳檮(역술)	中國商務印書館	1907(광서33년)(재)
썰늬버유람긔	신문관편집국(편수)	신문관	1909.2.12

---

1   주시경 번역의 『월남망국사』는 당대 베스트셀러로, 1907.11.30(초=판), 1908.3.11(재판), 1908.6.15(三版) 발행되었다. 이 책은 판권지가 유실되어 있어 정확한 판차를 알 수 없으나 『周時經全書6』(김민수 편, 탑출판사, 1992.2.22)에 수록되어 있는 三版本과는 차이가 있어, 초판이나 재판으로 추정된다.

2. 딱지본의 책표지

1) 소설

도서명	저/역/편/발행자	발행처	발행일	표지화가
가인기우(佳人奇遇)	현공렴	대창서원外	1921.11.23(재)(초=1918.9.25)	
가인기우	신태삼(申泰三)	세창서관	1934.11.10	
갑신시월지변(甲申十月之變)	김동진(金東縉)	덕흥서림	1930.9.20	
갑오동학란기(甲午東學亂記)	강의영(姜義永)	영창서관	1929.11.20	
강감찬실기(姜邯贊實記)	강의영	영창서관	1928.12.28	
강남화(江南花)	이종수(李宗壽)	성문당서점	1934.11.25	
강명화전(康明花傳)	이해조	박문서관	(간행일자 미상)	
강명화전	강의영	영창서관外	1935.12.25	
강명화실기(康明花實記)(下)	이해조	대동인쇄	1925.1.18	
강명화(康明花)	신창환(申昌煥)	동화당서점	1945.9.20	
강상기우(江上奇遇)	노익형(盧益亨)	박문서관	1924.8.30	관재 이도영
강상루(江上淚)	강의영	대창서원	1919.1.25	
강상루	김이태(金珥泰)	영창서관	1922.12.20	
강상련(江上蓮)	이해조	광동서국	1912.11.25	
강상련	이해조	신구서림	1917.6.10(八)(초=1912.12.15)	
강상월(江上月)	고유상(高裕相)	회동서관	1913.1.7	관재 이도영
강상월	고유상	회동서관	1924.12.31(재)	
강상월	고유상	회동서관	1924.12.31(재)	
강상촌(江上村)	청초당(聽蕉堂)	박학서원	1912.11.7	
강상촌	청초당	덕흥서림	1928(간행일자 미상)	
강상혼(江上魂)	유석조(庾錫祚)	광학서포外	1925.10.15	
강태공실기(姜太公實記)	박건회(朴健會)	조선서관	1913.11.5	
강태공전(姜太公傳)	김동진	덕흥서림	1925.11.30	
강태공전	지송욱(池松旭)	박문서관	1925.9.15(四)(초=1917.11.7)	
경세종(警世鐘)	김필수(金弼秀)	광학서포	1908.10.30	
경포대(鏡浦臺)	이종정(李鍾楨)	광동서국外	1926.12.15	
계명산(鷄鳴山)	현공렴	대창서원	1926.12.10	
고독각씨(孤獨閣氏)	박건회	광명서관	1916.9.16	
고목화(枯木花)	현공렴	동양서원	1912.1.20	운령(雲嶺)
고학생(苦學生)의 설움	월파(月波)	영창서관外	1933.11.30(재)(초=1932.2.8)	
곽분양실기(郭汾陽實記)	고유상	회동서관	1925.12.20	
곽해룡전(郭海龍傳)	강의영	영창서관	1925.1.20	
곽해룡전	고유상	회동서관	1926.2.10	
광야(廣野)	남궁준(南宮濬)	유일서관	1912.9.30	
괴적단(怪賊團)	강하형(姜夏馨)	세창서관外	1934.10.10	화성 이승철

도서명	저/역/편/발행자	발행처	발행일	표지화가
구마검(驅魔劍)	이해조	대한서림	1908.12	관재 이도영
구미호(九尾狐)	김동진	덕흥서림	1922.11.8	
구사일생(九死一生)	노익형	박문서관	1930.12.15	
구운몽(九雲夢)(下卷)	남궁준	유일서관	1913.7.30	
구운몽(下卷)	현억(玄檍)	동문서림	1913.3.10	
구운몽	김용준	박문서관	1918.4.30(재)(초=1917.2.28)	
구운몽(上下合編)	강의영	영창서관	1925.10.30	
구운몽(上編)	홍순필	조선서관	1925.11.30	
구운몽(下編)	홍순필	조선서관	1925.11.30	
구의산(九疑山)(上下合編)	이해조	박문서관	1925.2.15(九)(초=1912.7.20)	
구의산(上編)	이해조	박문서관	1912.7.20	
구의산(下編)	이해조	박문서관	1912.7.25	
국(菊)의 향(香)(上編)	조중환(趙重桓)	유일서관	1914.8.5	학전(學田)
권룡선전(權龍仙傳)	지송욱	신구서림	1920.2.5(재)(초=1918.1.15)	
권익중전(權益重傳)(一名 : 權仙童傳)		在田堂書舖	(간행일자 미상)	
권익중전(一名 : 권선동)	오세헌(吳世憲)	삼화당서점	(간행일자 미상)	
귀(鬼)의 성(聲)	이인직	동양서원	1913.3.15(재)	
그 靑春과 正義는 이렇다(原名 : 亂影)	최독견(崔獨鵑)	대성서림	1935.12.15	
그날밤	홍병석(편발)	홍문서관	1936.10.15	
금강문(金剛門)	최찬식	박문서관	1921.1.5(五)(초=1914.8.19)	
금강산실기(金剛山實記)	박건회	박문서관	1924.12.25(四)(초=1915.9.26)	
금국화(金菊花)(上編)	김용준	보급서관	1913.9.5	
금국화(下編)	김용준	보급서관	1914.1.10	
금국화	김용준	박문서관	1921.11.5(초=1914.1.10)	
금낭이산(金囊二山)(일명 : 보심록)	김동진	덕흥서림	1925.11.15	
금방울전	홍순필	경성서적업조합	1926.12.20	
금방울전	이종수	성문당서점	1926.12.20	
금산사몽유록(金山寺夢遊錄)	최석정(崔錫鼎)	신구서림	1925.12.30	
금상첨화(錦上添花)	지송욱	신구서림	1922.8.21(七)(초=1913.10.28)	
금수회의록(禽獸會議錄)	안국선(安國善)	황성서적업조합	1908.5(재)(초=1908.2)	
금향정기(錦香亭記)	박건회	신구서림	1924.1.20(재)(초=1916.1.18)	
김진옥전(金振玉傳)	조남희(趙男熙)	동양서원	1925.9.30(재)	
김태자전(金太子傳)	홍순필	박문서관	1926.12.20	
김태자전(下)	선우일(鮮于日)	유일서관外	1920.8.18(三)(초=1915.6.30)	
김학공전(金鶴公傳)	김재덕(金在悳)	경성서관	1925.11.27	
김학공전	노익환	신구서림	1932.1.30	
꽃 같은 미인(美人)	노익환	신구서림	1934.11.30(四)(초=1926.12.20)	
꿈 속의 꿈	명주(明洲)	태화서관	1947.11.10(五)(초=1932.10.9)	화성 이승철 그림
나무아미타불	이종정	광동서국	1922.2.28	

도서명	저/역/편/발행자	발행처	발행일	표지화가
낙락장송(落落長松)	노익형	박문서관	1930.3.20	
낙화유수(落花流水)	춘파(春坡)	영창서관外	1933.12.8(四)(초=1929.12.15)	
난봉기합(鸞鳳奇合)	김교제(金敎濟)	동양서원	1913.5.25	
남강월(南江月)	김동진	덕흥서림	1915.12.25	
남이장군실기(南怡將軍實記)	장도빈(張道斌)	덕흥서림	1926.12.30	
누구의 죄	이해조	보급서관	1913.6.5	
누구의 죄	이해조	박문서관	1921.6.18(재)(초=1913.6.5)	
능견난사(能見難思)	홍순필	경성서적조합	1926.12.20	
능라도(綾羅島)	최찬식	유일서관	1919.2.7	
능라도	최찬식	박문서관	1930.3.10(12판)(초=1919.1.27)	
평양 능라도	박영서(朴永瑞)	신흥서관	1937.9.5	
다정다한(多情多恨)	성원(星園)	영창서관	1932.10.15(三)(초=1927.9.25)	
다정(多情)한 동무	노익형	박문서관	1935.7.5	
단발령(斷髮嶺)	지송욱	신구서림	1913.6.20	
단발미인(斷髮美人)	노익환	신구서림	1930.1.10(四)(초=1925.1.30)	
단발부인(斷髮夫人)	고병교(高丙敎)	성문당서점	1936.10.10(재)(초=1929.10.30)	
단산봉황	지송욱	신구서림	1923.1.13(초	
단장록(斷腸錄)(上編)	남궁준	유일서관外	1916.11.25	
단장록(斷腸錄)(中編)	남궁준	유일서관外	1916.11.25	
단장록(斷腸錄)(下編)	남궁준	한성서관外	1916.11.30	
단종대왕실기(端宗大王實記)	김동진	덕흥서림	1934.10(초=1929.9.17)	
당태종전(唐太宗傳)	박건회	박문서관	1917.1.25(재)(초=1915.12.10)	
대담강유실기(大膽姜維實記)	박건회	대창서원外(발매)	1922.3.5	
대동강(大同江)	노익형	박문서관外	1927.11.5	
대성룡문전(大成龍門傳)	고경상	三文社	1932.10.25	
대월서상기(待月西廂記)	박건회	박문서관	1923.11.10(四)(초=1913.12.1)	
대장군전(大將軍傳)	新原幸槌	세계서림	1925.1.13	
대포성(大砲聲)	김동진	덕흥서림	1935.12.31(재)(초=1926.12.30)	
도승사명당(道僧四溟堂)	고유상	회동서관	1928.12.25	
도원수권율(都元帥權慄)	김동진	덕흥서림	1930.9.20	
도화원(桃花園)	최찬식	유일서관	1918.4.10(재)(초=1916.8.30)	
독불장군	조재선(趙在善)	화광서림	1932.2.3(三)(초=1928.1.21)	
독불장군	조재선	화광서림	1932.2.3(三)(초=1928.1.21)	
동각한매(東閣寒梅)	현공렴	현공렴가	1912.2.18(재)(초=1911.9.26)	
동정(同情)의 루(淚)	강의영	영창서관	1924.12.28(재)(초=1924.8.30)	
두견성	선우일	보급서관	1912.9.20	관재 이도영
두견성	선우일	보급서관	1912.9.20	화성 이승찰
두껍전	노익형	박문서관	1926.12.24(재)(초=1925.11.10)	
마상루(馬上淚)	민준호	동양서원	1914.2.10(재)(초=1912.9.5)	

도서명	저/역/편/발행자	발행처	발행일	표지화가
마상루	강범형	삼광서림	1926.12.15(재)(초=1925.12.20)	
마상루	노익형	박문서관	1923.12.15(재)(초=1921.12.5)	
마적(馬賊)과 미인(美人)	노익환	박문서관	1931.12.14	
만고기담(萬古奇談)	조시한(趙時漢)(編述)	光明書觀	1925.2.15(三)	
만월대(滿月臺)	노익형	박문서관	1924.4.8	
만인산(萬人傘)	민준호	동양서원	1912.1.20	
만주(滿洲)의 꽃	김정표(金定杓)	세창서관外	1933.12.19	
매국노암살사건(賣國奴暗殺事件)	김춘광	한흥출판사	1948.3.15	
매화(梅花)의 홍루(紅淚)	조준경	보성서관	(간행일자 미상)	
며느리의 죽음	이종수	성문당서점	1947.11.5	
명사십리(明沙十里)	고유상	회동서관	1925.11.10	
명사십리	김동진	덕흥서림	1925.11.30	
명월정(明月亭)	홍순필	조선도서(주)	1926.10.28(四)(초=1912.7.30)	
모란병	이해조	박문서관	1918.1.26(四)(초=1911.4.15)	
모란병	이해조	박문서관	1912.5.10(三)(초=1911.4.15)	
모란봉(牡丹峰)	이인직	동양서원	1912.11.10	
모란봉	이종수	성문당서점	1936.10.10	
모란화(牧丹花)	김교제	광학서포	1911.5.17	
몽결초한송(夢決楚漢訟)	지송욱	박문서관	1925.11.30	
몽결초한송	강의영	영창서관外	1925.12.25	
무릉도원(武陵桃源)	강의영	영창서관外	1928.1.6(재)(초=1924.10.30)	
무정세월(無情歲月)	유운경(柳雲卿)	태화서관	1933.12.10(五)(초=1926.9.15)	
무정(無情)한 기적성(汽笛聲)	이조승(李祖承)	태화서관	1948.1.15(三)(초=1935.1.30)	
무정(無情)한 방초(芳草)	(서지사항 미상)			
뭇소리니	현병주(玄丙周)	삼문사(三文社)	1934.12.28	
미인계(美人計)	김동진	덕흥서림	1920.10.30(재)(초=1919.11.18)	
미인(美人)의 일생(一生)	송헌석(宋憲奭)	덕흥서림	1936.12.15(재)(초=1935.12.5)	
미인(美人)의 춘몽(春夢)	홍병성(洪秉錫)	홍문서관	1936.11.15	
박명화(薄命花)	노익형	박문서관	1928.12.15(四)(초=1921.9.1)	
박문수전(朴文秀傳)	현병주	박문서관	1921.12.31(재)(초=1919.2.12)	
박문수전	김동진	이문당	1933.12.10	
박씨전(朴氏傳)	신태삼	홍문서관	1934.12.20	
박연폭포(朴淵瀑布)	이상춘(李常春)	유일서관	1913.2.7	관재 이도영
박태보실기(朴泰輔實記)	김동진	덕흥서림	1917.12.10(재)(초=1916.11.30)	
방화수류정(訪花隨柳亭)	김원길(金元吉)	박문서관	1923.12.20(三)(초=1920.12.31)	
방화수류정	(서지사항 미상)			
방화수류정	(서지사항 미상)			
백의미인(白衣美人)	김준환(金駿煥)	덕흥서림	1934.1.20(재)(초=1933.11.10)	
백학선(白鶴扇)	박건회	신구서림	1919.1.30(재)(초=1915.9.25)	

도서명	저/역/편/발행자	발행처	발행일	표지화가
버스걸 연애(戀愛)	조준경	보성서관	1937.12.25	
번리화정서전(樊梨花征西傳)	노익환	신구서림	1931.10.20	
웅변대가 범휴(范雎)와 채택(蔡澤)	현병주	이문당	1918.2.9	
별주부전(鱉主簿傳)	지송욱	신구서림	1915.1.25(초=1913.9.25)	
병자임신록(丙子壬辰錄)	이종수	성문당서점	1934.11.25	
보심록(報心錄)	강의영	영창서관	1925.11.16	
봄을 맞는 처녀	온금섭(溫金燮)	홍문서관	1937.9.10	
봉선화(鳳仙花)(上卷)	이해조	신구서림	(간행일자 미상)	
봉선화(下卷)	이해조	신구서림	1913.9.20	
봉황금(鳳凰琴)	이용한(李容漢)	동미서시(東美書市)	1915.6.5	
봉황대(鳳凰臺)	강의영	동미서시	1925.10.30	
부벽루(浮碧樓)	김용준	보급서관	1914.1.20	벽허(碧虛)
부설거사(浮雪居士)	김적음(金寂音)	중앙인서관	1935.5.28(재)(초=1932.12.15)	
부용담(芙蓉潭)	고유상	회동서관	1920.3.30	
부용(芙蓉)의 상사곡(相思曲)	지송욱	신구서림	1914.9.30	
부용의 상사곡	지송욱	신구서림	1921.12.20(四)(초=1914.9.30)	
부인관찰사(夫人觀察使)		광문서시	(간행일자 미상)	
송도말년불가살이전(松都末年不可殺爾傳)	현병주(玄丙周)	문우관서회(文友館書會)	1927.1.8(五)(초=1921.11.22)	
송도말년불가살이전	김혁제	명문당	1946.1.15	
불 붙는 복수	조준경	보성서관	1938.1.30	
불로초(不老草)	남궁준	경성서적업조합소	1920.1.26(五)(초=1912.8.10)	
불로초	김동진	덕흥서림	1925.11.30	
불여귀(不如歸)(상편)	조중환(역술)	경성사서점(동경)	1912.8.20	
비파성(琵琶聲)	이해조	신구서림	1913.10.28	
비행남정긔	김재의(金在義)		1920.1.15	
비행여사(飛行女史)	안경호(安景護)	조선도서(주)	1926	
비행전쟁(飛行戰爭)	김동진	덕흥서림	1935.11.15(재)(초=1934.10.5)	
빈상설(鬢上雪)	이해조	광학서포(발매소)	1908.7.5	
빈상설	이해조	동양서원	1911.9.30(재)(초=1908.7.5)	
사(死)냐 생(生)이냐	고도(孤島)	대성서림	1928.3.28(三)(초=1924.12.16)	
사대장전(史大將傳)	박승엽(朴承曄)	동문서림	1918.2.27	
사랑의 각성(일명 : 新노라)	양백화	영창서관	1923.3.5	
사랑의 번뇌(煩惱)	유석조(庚錫祚)	광학서포外	1925.10.15	
사랑의 천국(天國)	김기용(金起用)	한성서림	1946.1.27	
임진병란 사명당실기(四溟堂實記)	백남신(白南信)(獨步謹)	영창서관外	1927.5.20	
사씨남정기(謝氏南征記)	신태삼	세창서관	1934.12.20	
산천초목(山川草木)	남궁준	유일서관	1912.1.20	난파(蘭坡)
삼각산(三角山)	이종정	광동서국	1912.9.10	
삼국대전(三國大戰)	강의영	영창서관	1922.11.25(五)(초=1918.1.30)	

도서명	저/역/편/발행자	발행처	발행일	표지화가
제일기서 삼국지(第一奇書三國志)	고유상	박문서관外	1917.11.30	
수정 삼국지	노익형	박문서관	1928.3.15(三)(초=1920.1.30)	
원문교정언문 삼국지	강의영	영창서관	1928.12.15	
무쌍언문 삼국지	박건회	회동서관	1924.11.25(三)(초=1920.2.20)	
삼문규합록	지송욱	신구서림外	1918.5.30	
삼생기연(三生奇緣)	남궁설(南宮楔)	대창서원外	1922.1.15	
삼선기(三仙記)	신귀영(申龜永)	이문당	1918.2.12	
삼설기	최창선	신문관	1913.3.18	
삼성기(三聖記)	이학재(李學宰)	보급서관	1922.1.4(재)(초=1918.10.29)	
삼쾌정(三快亭)	이용한	동미서시	1915.7.2	
삼쾌정	고유상	회동서관	1925.9.30(五)(초=1919.6.7)	
상야공원(上野公園)	노익형	박문서관	1936.10.30	
생육신전(生六臣傳)	현병주	신구서림外	1929.11.30	
서동지전(鼠同知傳)	노익환	박문서관	1925.12.20	
서산대사(西山大師)	왕세창(王世昌)	세계서림	1927.12.10	
서상기(西廂記)	고유상	회동서관	1919.10.20(三)(초=1914.1.17)	
서상기	고유상	회동서관外	1930.2.10(四)(초=1914.1.19)	
서상기	고유상	회동서관	1930.2.10(五)(초=1914.1.19)	
서상기	강의영	영창서관外	1935.3.15	
서시전(西施傳)	김송규(金松圭)	광한서림	1929.12.25	
언한문 서유기(西遊記)(권1)	박건회	조선서관	1913.9.20	
언한문 서유기(後1)	박건회	조선서관	1914.5.25	
언문 서유기	박건회	박문서관外	1921.11.5(재)(초=1913.7.7)	
서정기(西征記)	노익환	신구서림	1923.12.23	
서정기	안경호(安景濩)	신구서림	1923.12.23	
서태후전(西太后傳)	김동진	덕흥서림	1936.10.15	
서해풍파(西海風波)	이상춘	유일서관	1914.1.20	학전
선죽교(善竹橋)	고병교	회동서관	1930.10.25	
설움의 사정	백남신(白南信)	대성서림	1927.4.28	
설인귀전(薛仁貴傳)(上編)	박건회	동미서시	1915.5.20	
설인귀전(下編)	박건회	동미서시	1915.6.2	
설인귀전(上下合編)	노익형	박문서관	1926.12.20	
설인귀전(上下合編)	지송욱	신구서림	1925.1.8(五)(초=1917.12.20)	
설인귀전(下編)	지송욱	신구서림	1923.12.25(四)(초=1917.12.20)	
설정산실기(薛丁山實記)	노익형	신구서림	1929.12.25	
설중매화(雪中梅花)	김익수(金翼洙)	창문사	1913.9.1	
설중송(雪中松)	고유상	회동서관	1926.11.20(三)(초=1920.3.30)	
설홍전(薛弘傳)	강의영	영창서관外	1929.4.30	
섬동지선(蟾同知傳)(일명 : 두껍전)	김동진	덕흥서림	1916.1.28(三)(초=1914.10.28)	

도서명	저/역/편/발행자	발행처	발행일	표지화가
섬색씨	김춘광	경향출판사	1947.8.20	
성산명경(聖山明鏡)	최병헌	동양서원	1911.8.3	
성삼문(成三問)	고유상	회동서관	1928.11.15	
세검정(洗劍亭)	지송욱	박문서관	1925.11.30(재)(초=1913.12.13)	
세상의 죄(世上의 罪)	이종수	성문당서점	1932.11.25	
소달기전(蘇妲己傳)	이종정	광동서국	1917.10.30	
소대성전(蘇大成傳)	한인석(韓仁錫)	광문책사	1914.11.19	
소상강(瀟湘江)	남궁준(南宮濬)	유일서관	1912.10.20	
소양정(昭陽亭)	이해조	신구서림	1916.4.21(三)(초=1912.7.20)	벽고(碧皐)
소진장의전(蘇秦張儀傳)	이종정	광동서국	1918.5.25	
소학령(巢鶴嶺)	이해조	신구서림	1913.9.5	
송뢰금(松籟琴)	육정수(陸定洙)	박문서관	1908.10.25	만헌(晩軒)
송죽(松竹)	고유상	회동서관	1925.11.25(六)(초=1914.1.10)	
수양제행락기(隋煬帝行樂記)(上)	박건회	신구서림	1918.4.10	
수양제행락기(下)	박건회	신구서림	1918.4.10	
수일롱(水溢籠)	김연규(金然奎)	동아서관	1916.1.15	
선한문 수호지(水滸誌)(1,3,5권)	강의영	영창서관	1929.10.20	
충의 수호지(前集1,2,3)	(서지사항 미상)			
숙녀회생전(淑女回生傳)	고경상	삼문사外	1935.11.10	
숙영낭자전(淑英娘子傳)	고유상	회동서관	1925.12.25	
숙영낭자전	강은형	대성서림	1928.10.23	
숙영낭자전	김용준(金容周)	춘양사서점	1936.12.10	
숙영낭자전	강봉회(姜鳳會)	백합사	1937.12.30	
숙종대왕실기(肅宗大王實記)	김동진	덕흥서림	(간행일자 미상)	
숙향전(淑香傳)	강의영	영창서관外	1925.10.20	
술은 눈물인가 한숨이런가	김정표(金定杓)	춘양사	1934.12.5	
승방미인(僧房美人)	고병교	신명서림外	1936.10.30	
신랑의 보쌈	박건회	광익서관	1917.10.15	
신숙주부인전(申叔舟夫人傳)	고병교	회동서관外	1937.6.15(재)(초=1930.12.25)	
신월루(新月淚)	온성영(溫星影)	세창서관	1935.11.15	
신유복전(申遺腹傳)	신태삼	세창서관	1936.10.30	
신출귀몰	황갑수(黃甲秀)	광학서포	1912.6.15	
실연(失戀)의 루(淚)	고병교	회동서관	1931.10.30	
심부손부인전(沈富孫夫人傳)	신태삼	세창서관	1937.12.25	
심청전(沈淸傳)	홍순모	광동서국外	1920.1.20(九)(초=1915.3.15)	
심청전	이종수	남창서관	1936.10.10	
심청전		광한서림	(간행일자 미상)	
심청전	최창선	신문관	1913.9.5	
십생구사(十生九死)	강은형	대성서림	1928.11.10(四)(초=1923.1.23)	

도서명	저/역/편/발행자	발행처	발행일	표지화가
십생구사	강하형	대성서림	1930.10.10(六)(초=1923.1.23)	
십오소호걸(十五少豪傑)	민준호(역술)	동양서원	1912.2.5	관재 이도영
쌍련몽(雙蓮夢)	백두용	삼문사	1922.2.28	
쌍련몽	백두용	한남서림	1926.1.25(재)(초=1922.2.28)	
쌍옥루(雙玉淚)(上,下篇)	조중환(趙重桓)	보급서관	(上)1913.1.20(下)1913.7.15	
쌍옥루(中編)	김용준	보급서관	1914.8.20(재)(초=1913.6.20)	관재 이도영
쌍옥루(下編)	김용준	보급서관	1914.8.20(재)(초=1913.6.20)	관재 이도영
쌍옥루(中編)	김용준	박문서관	1922.9.5(三)(초=1913.6.20)	관재 이도영
쌍옥루(上編)	김용준	박문서관	1922.9.5(三)(초=1913.6.20)	관재 이도영
쌍옥적(雙玉笛)	이해조	현공렴가	1912.3.12(재)(초=1911.11.28)	관재 이도영
쌍옥적	이해조	오거서창	1918.4.1(재)	
아버지-父	이원규(李元珪)	태화서관	1933.12.15	
아버지를 찾는 칼(일명 : 야담 동명왕편)	이종수	성문당서점	1935.11.5	
안(雁)의 성(聲)	최찬식	박문서관	1915.4.5	
안의 성	최찬식	박문서관	1938.10.30(三)(초=1915.4.5)	
아내의 설움	김상화(金尙火)	성문당서점	1938.4.25	
암야(暗夜)의 총소리	이원규	대성서림	1934.10(후기 작성일자)	
애욕지옥(愛慾地獄)	고경상	덕흥서림	1935.11.10	
애원성(哀怨聲)	이진원(李震遠)	박문서관	1922.2.28(재)(초=1921.10.5)	
애정(愛情)의 루(淚)	강범형	삼광서림	1930.12.5	
야광주(夜光珠)	강은형	대성서림	1929.12.20(三)(초=1926.8.8)	
약산동대(藥山東坮)	이종정	광동서국(발매소)	1915.7.30	
양귀비(楊貴妃)	현병주	광문사	1922.9.1	
양귀비	현병주	광문사	1924.12.30(재)	
양산백전(梁山伯傳)	남궁설	한성서관	1920.1.20(四)(초=1915.3.15)	
양산백전	지송욱	신구서림	1925.11.10	
양장미인(洋裝美人)	박준표	박문서관	1928.2.10	
양주봉전(楊朱鳳傳)	박건회	신구서림	1917.11.15(三)(초=1916.4.10)	
양풍운전(楊風雲傳)	남궁설	한성서관	1915.11.20	
어룡전(魚龍傳)	이민한(李敏漢)	박문서관	1918.1.30	
어룡전	이종정	광동서국	1923.2.12	
어룡전	노익형	박문서관外	1925.1.10	
어룡전	이종수	성문당서점	1936.1.8	
어머니-母	강하형	태화서관	1933.7.15(재)(초=1932.7)	화성 이승철
여자충효전(女子忠孝錄)	지송욱	한성서관外	1920.2.10(三)(초=1914.8.5)	
여장군전(女將軍傳)	강의영	세창서관	1916.7.29(재)(초=1915.2.17)	
여장군전	김동진	덕흥서림	1926.1.15	
여장군전	이종수	성문당서점	1935.12.8	
여중호걸(女中豪傑)	정기성(鄭基誠)	광문서시	1922.1.20	

도서명	저/역/편/발행자	발행처	발행일	표지화가
연애(戀愛)의 고투(苦鬪)	월파(月坡)	영창서관	1932.10.15	
연애의 고투	월파	영창서관	1932.10.15	
연(燕)의 각(脚)(일명 : 흥부가)	이해조	광동서국	1913.1.30	
열국지(列國誌)	강은형	대성서림	1930.11.25	
열국지	강은형	대성서림	1930.11.25	
열정(熱情)	백남신(白南信)	태화서관	1932.12.13(七)(초=1926.10.12)	화성 이승철
옥단춘전(玉丹春傳)	신귀영(申龜永)	박문서관	1922.3.3(四)(초=1917.9.20)	
옥단춘전	조남희	동양서원	1925.9.30	
옥단춘전	(서지사항 미상)			
옥란빙(玉鸞聘)	이규용(李圭瑢)	회동서관	1918.1.1	
옥련기담(玉蓮奇談)	송완식(宋完植)	동양대학당	1927.1.20(재)(초=1924.12.28)	
옥련당(玉蓮堂)	민준호	동양서원	1912.8.30	
옥루몽(玉樓夢)(卷之4)	최창선	신문관	1913.5.3	
옥루몽(권1-4)	강의영	영창서관外	1925.11.10	
옥루몽(권1-4)	노익형	박문서관	1926.12.20	
옥루몽(권1)	고유상	회동서관	1924.3.25(五)(초=1917.3.23)	
옥린몽(玉麟夢)(권2)	송기화(宋基和)	송기화상점	1913.12.30	
옥린몽(下編)			1918(기타 서지사항 미상)	
옥중가인(獄中佳人)	지송욱	박문서관	1926.12.20	관재 이도영
옥중가인	지송욱	박문서관	1926.12.20	관재 이도영
옥중가인	(서지사항 미상)			관재 이도영
옥중화(獄中花)	이해조	보급서관	1913.1.10(재)(초=1912.8.27)	관재 이도영
옥중화	이해조	보급서관	1914.2.5(六)(초=1912.8.27)	관재 이도영
옥중화	이해조	박문서관	1921.12.20(三)(초=1912.8.17)	관재 이도영
옥중화	이해조	박문서관	1929.4.30(四)(초=1912.8.17)	관재 이도영
옥창앵도(玉窓櫻桃)	강하형	태화서관	1931.9.25	
옥호기연(玉壺奇緣)	민준호	동양서원外(발매소)	1912.1.20	관재 이도영
완월루(玩月樓)	남궁준	한성서관	1920.10.17(五)(초=1915.3.25)	
완월루	최석정	신구서림	1925.12.15	
왕장군전(王將軍傳)	조봉희(趙奉熙)	대산서림	1926.10.25	
요지경	박영진(朴英鎭)	수문서관	1913.3.30(초=1910.12.10)	
용정촌(龍井村)	최찬식	조선도서(주)	1926.1.30	
우후명월(雨後明月)	강의영	영창서관	1933.11.25(재)(초=1927.9.25)	
운명(運命)	박준표	박문서관	1924.11.30	
운명(運命)의 서광(曙光)	조준경	보성서관	1938.11.15	
울지경덕설기(蔚遲敬德實記)	노익환	신구서림	1925.12.20	
울지경덕실기	노익환	신구서림	1925.12.20	
원앙도(鴛鴦圖)	노익형	박문서관	1922.9.20(재)(초=1921.7.10)	운령
월미도(月尾島)		신구서림(서지사항 미상)		

도서명	저/역/편/발행자	발행처	발행일	표지화가
월봉기(月峯記)		신구서림(서지사항 미상)		
월봉산기(月峯山記)(上)	박건회	조선서관	1916.1.28	
월봉산기(下)	박건회	조선서관	1916.1.28	
월세계(月世界)	현공렴	대창서원外	1922.1.17	
월영낭자전	고유상	회동서관	1925.12.20	
월왕전(越王傳)	박건회	광동서국	1916.2.5	
월하가인(月下佳人)	김용준	보급서관	1913.1.30(재)(초=1911.12.20)	
유성기(留聲機)		광학서포	1914(기타 서지사항 미상)	
유왕(幽王)의 포사전(褒似傳)	박건회	조선서관	1917.12.25	
유정(有情)의 루(淚)	강범형	광한서림	1931.1.25(초=1926.6.15)	
유충렬전(劉忠烈傳)	정기성	대창서관外	1918.10.30	
유충렬전	노익형	박문서관	1925.8.30(五)(초=1913.10.1)	
유충렬전	이종수	성문당서점	1935.11.30	
유충렬전	강하형	태화서관	1946.2.28(재)(초=1928.10.18)	
유충렬전	김기용	한성서림	1946.1.27	
유화기몽(柳花奇夢)	남궁설	대창서원外	1921.11.22(재)(초=1918.10.29)	
육조대사(六祖大師)	김태흡	중앙인서관	1936.2.10(재)(초=1932.12.15)	
육효자전(六孝子傳)	박건회	박문서관	1919.3.25(三)(초=1916.1.10)	
육효자전	고유상	회동서관	1926.1.15	
은하(銀河)의 흘으는 정열(情熱)	신태삼	세창서관	1935.11.20	
을밀대(乙密臺)	이민한	대창서원外	1921.11.25(재)(초=1918.2.15)	
이괄란급병자란(李适亂及丙子亂)	고유상	회동서관	1923.6.20	
이대봉전(李大鳳傳)	홍순필	박문서관	1925.10.30	
이대봉전	신태삼	이문당	1934.12.10	
이성(異性)의 루(淚)	강범형	화광서림	1935.11.15	
이수일과 심순애(上編)	조일재(趙一齋)	보문관外	1925.3.10	
이순신실기(李舜臣實記)	최찬식	박문서관	1925.11.20	
이순신실기	강의영	영창서관外	1925.12.31(재)(초=1925.12.10)	
이십춘광(二十春光)	박만희	대성서림	1925.12.20	
이태왕실기(李太王實記)	노익환	신구서림	1930.8.25	
이팔청춘(二八青春)	강은형	대성서림	1925.5.3	
이팔청춘	강은형	대성서림	1925.12.31(재)	
이화몽(梨花夢)	지송욱	신구서림	1918.2.25(재)(초=1914.9.30)	
인간고락(人間苦樂)	노익환	신구서림	1931.11.15	
인간행락(人間行樂)	김동진	덕흥서림	1933.9.15	
인정(人情)의 루(淚)	김재덕	신명서림	1923.7.6	
인정의 루	김재덕	신명서림	1926.2.15(三)(초=1923.7.6)	
일만구천방(一萬九千磅)	김교제	동양서원	1913.4.25	
일지화(一枝花)	강은형	대성서림	1928.11.15	

도서명	저/역/편/발행자	발행처	발행일	표지화가
일지화	강은형	대성서림	1930.12.10(재)	
임경업장군(林慶業將軍)	강의영	영창서관	1925.10.30	
임경업전(林慶業傳)	강하형	태화서관	1928.10.18	
임진록(壬辰錄)	현병주	신구서림	1930.10.10	
임진록	현병주	신구서림	1935.10.30(五)(초=1930.10)	
임호은전(林虎隱傳)	홍순필	박문서관(발매원)	1926.12.20	
임호은전	홍순필	경성서적업조합	1926.2.10	
임호은전	홍순필	박문서관外	1923.12.28(五)(초=1915.9.10)	
임화정연(권2)	홍순필	조선도서(주)	1923.5.17	
임화정연(권5)	홍순필	조선도서(주)	1928.1.20(재)(초=1925.2.20)	
임화정연(권6)	홍순필	조선도서(주)	1928.1.20(재)(초=1925.2.20)	
자유종(自由鐘)	이해조	광학서포	1910.7.30	
자작부인(子爵夫人)	최찬식	조선도서(주)	1926.11.30	
장경전(張景傳)	石田孝次郎	대창서원	1919.3.20	
장국진전(張國振傳)	노익환	홍문서관	1925.3.5(八)(초=1917.3.15)	
장릉혈사(莊陵血史)	황인성(黃寅性)	○明社	1929.8.5	
장미화(薔薇花)	박승엽(朴承曄)	덕창서관	1924.10.15	
장백전(張伯傳)	강하형	태화서관	1929.11.28	
장비마초실기(張飛馬超實記)	(서지사항 미상)			
장익성전(張翼星傳)	정기성	광문서시	1919.12.30	
장익성전	고유상	회동서관	1925.12.20	
장익성전	노익형	박문서관	1926.2.20	
장익성전	노익형	박문서관	1926.2.20	
장풍운전(張豊雲傳)	고유상	회동서관	1926.1.15	
장학사전(張學士傳)	김익수	신구서림	1916.6.15	
장한몽(長恨夢)(卷一)	조중환	회동서관	1924.3.31(五)(초=1913.9.20)	
장한몽(卷二)	조중환	조선도서	1924.1.30(六)(초=1916.12.20)	
장한몽(卷三)	조중환	조선도서	1926.1.7(七)(초=1916.12.20)	
장한몽(권2)	홍순필	조선도서	1930.1.20(八)(초=1916.12.20)	
장한몽(권3)	홍순필	조선도서	1930.1.20(八)(초=1916.12.20)	
장한몽(권1)	조중환	박문서관	1930.12.10(六)	화성 이승철
장한몽(중하합편)	(서지사항 미상)			
장화홍련전(薔花紅蓮傳)	고유상	회동서관	1932.12.15(재)(초=1925.11.20)	
장화홍련전	강하형	태화서관	1947.12.10(五)(초=1928.□.18)	
재봉춘(再逢春)	이상협(李相協)	동양서원	1912.8.15	
재봉춘	노익형	박문서관	1923.3.31	
적벽대전(赤壁大戰)	강의영	영창서관	1926.6.15	
적성의전(狄成義傳)	이면우(李冕宇)	박문서관	1926.3.5	
전우치전(田禹治傳)	신태삼	홍문서관	1937.10.30	

도서명	저/역/편/발행자	발행처	발행일	표지화가
정비전(鄭妃傳)	김기풍(金基豊)	신명서림	1917.1.3	
정을선전(鄭乙善傳)	김동진	덕흥서림	1925.10.30	
정을선전	노익형	박문서관	(간행일자 미상)	
정포은전(鄭圃隱傳)	김동진	덕흥서림	1929.11.5	
제마무전	남궁준	유일서관外	1916.11.10	
조웅전(趙雄傳)	노익형(盧益亨)	박문서관	1925.9.5	
조웅전	유석조	광학서포	1925.12.1	
조웅전	김천희	삼문사	1932.10.3	
조자룡실기(趙子龍實記)	김동진	덕흥서림	1926.1.15	
조자룡실기	(서지사항 미상)			
주원장창업기(朱元璋創業記)	정기성	대창서원	1921.1.21(재)(초=1919.3.5)	
죄악(罪惡)의 씨	최연택(崔演澤)	문창사	1922.12.25	
죽서루(竹西樓)	현공렴	서적급모자제조소(발매소)	1912.10.2	
지나사변실기(支那事變實記)	신태삼	세창서관	1937.12.10	
진대방전(陳大方傳)	지송욱	신구서림	1922.9.20(三)(초=1917.3.8)	
진시황전(秦始皇傳)	남궁준	경성서적업조합	1920.2.26(재)(초=1917.5.13)	
진장군전(陳將軍傳)	김재희	대창서원	1916.2.11	
진장군전	강의영	영창서관外	1930.4.10	
진주적삼(眞珠赤衫)	박건회	공진서관	1917.1.7	
창선감의록(倡善感義錄)	박건회	신구서림	1916.1.15(재)(초=1914.1.5)	
창선감의록	백두용	한남서림	1917.5.20	
창선감의록	지송욱	신구서림	1923.11.5(재)(초=1917.10.30)	
창송녹죽(蒼松綠竹)	김동진	덕흥서림	1926.10.30(三)(초=1923.2.15)	
채봉감별곡(彩鳳感別曲)	황갑수	박문서관	1914.5.25	관재 이도영
처녀(處女)의 눈물	김천희	삼문사	1932.11.3	
처녀의 눈물	김천희	덕흥서림	1932.11.3	
천도화(天桃花)(一名 : 소운전)	김동진	덕흥서림	1925.10.30(재)(초=1916.10.20)	
천리경(千里鏡)	박건회	조선서관	1912.12.19	
천리원정(千里遠情)	김재희	신명서림外	1930.1.20	
천리춘색(千里春色)	강은형	대성서림	1928.12.10(재)(초=1925.10.12)	
천정가연(天定佳緣)	최석정	박문서관	1925.12.20	
천지개벽(天地開闢)	고병교	덕흥서림	1935.12.16	
철세계(鐵世界)	이해조	회동서관	1908.11.20	소림 조석진
철천지한	이종수	성문당서점	1934.11.25	
청년회심곡(靑年悔心曲)	강의영	영창서관	1926.6.15	
청루지열녀(靑樓之烈女)	박건회	신구서림	1917.12.5	
청천벽력(靑天霹靂)	김천희	광동서국	1921.10.10	
청천벽력	김천희	박문서관	1924.1.30(재)(초=1921.10.10)	
청춘몽(靑春夢)	大山治永	영창서관	1941.8.30	

도서명	저/역/편/발행자	발행처	발행일	표지화가
청춘(靑春)의 루(淚)	월파	영창서관	1925.9.30	
청춘(靑春)의 미인(美人)	강하형	태화서관	1933.1.23(재)	
청춘(靑春)의 사랑	홍영후	경성서관출판부外	1923.5.10	
청춘의 사랑	신태삼	세창서관	1934.11.10	
청춘(靑春)의 설움	월파	영창서관	1929.12.30	
청춘(靑春)의 애정(愛情)	노익환	신구서림	1929.1.15	
청춘(靑春)의 화몽(花夢)	신구서림	(간행일자 미상)		
청춘화(靑春花)	무궁(無窮)	태화서관	1927.12.12(四)(초=1925.9.25)	
초로인생(草露人生)	이악(李嶽)	삼광서림	(간행일자 미상)	
초생달	강의영	세창서관	1930.4.25	
초한전(楚漢傳)	남궁설	한성서관	1918.11.15(四)(초=1915.11.25)	
초한전	유석조	광학서포	1925.10.30	
촌(村)색씨	김춘광	한흥출판사	1948.3.15	화성 이승철
최고운전(崔孤雲傳)	고유상	회동서관	1930.2.8(재)(초=1927.12.12)	
최고운전	김완기(金完起)	홍문서관	1947.11.3	
최정승전(崔政丞傳)	장도빈	박문서관	1928.4.20	
추야월(秋夜月)	김성진(金成鎭)	광덕서관	1913.3.5	
추야월	신태삼	세창서관	1936.9.30	
추월색(秋月色)	최찬식	회동서관	1924.4.30(19판)(초=1912.2.25)	
추월색	최찬식	회동서관	1932.12.15(22판)(초=1912.2.25)	
추월색	김영제(金永濟)	명문당	1936.10.30	
추천명월(秋天明月)	지송욱	신구서림	1924.11.10(三)(초=1919.1.30)	
추풍감수록(秋風感樹錄)	민준호	동양서원	1912.2.15	관재 이도영
춘몽(春夢)	홍순필	박문서관	1924.2.29	
춘몽(春夢)의 꽃	김송규(金松圭)	광한서림	1932.12.13	
춘외춘(春外春)(上)	이해조	신구서림	1912.12.25	
춘외춘(下編)	이해조	신구서림	1912.12.25	
춘외춘(上)	이해조	신구서림	1918.3.11(재)(초=1912.12.25)	
춘외춘(下)	이해조	신구서림	1918.3.11(재)(초=1912.12.25)	
춘풍(春風)(영화소설)	이종수	성문당서점	1936.1.5	
춘향전(春香傳)	고유상	회동서관	1925.10.30	
춘향전	김천희	삼문사	1934.11.30(재)(초=1932.10.7)	
일선문(日鮮文) 춘향전	남궁설	한성서관	1917.7.30	
춘향전	김완기	홍문서관	1947.11.3	
선한문(鮮漢文) 춘향전	이용한	동미서시	1913.12.30	
치악산(雉岳山)(상편)	이인직	유일서관(원매소)	1908.9.20	관재 이도영
치악산(하편)	김교제	동양서원	1911.12.30	운재(芸齋)(?)
치악산(上編)	홍순필	보문관	1919.2.28(재)(초=1918.1.12)	
치악산(下編)	홍순필	보문관	1922.2.10(三)(초=1918.1.12)	

도서명	저/역/편/발행자	발행처	발행일	표지화가
치악산(上下合編)	강의영(姜義永)	영창서관	1934.9.25	화성 이승철
칠도팔기(七倒八起)	강은형	대성서림	1926.10.5	
칠진주(七眞珠)	노익형	박문서관	1925.3.30	
카츄샤의 애화(哀話)	고병교(高丙教)	회동서관	1929.7.30	
콩쥐팥쥐전	강하형	태화서관	1928.11.20	
콩쥐팥쥐전	강하형	태화서관	1947.11.10(재)(초=1928.11.20)	
쾌남아(快男兒)	강의영	영창서관	1924.10.30	
탄금대(彈琴臺)	이해조	신구서림	1912.12.10	
탄금대	이해조	박문서관	1923.1.20(四)(초=1913.12.10)	
탐화봉접(探花蜂蝶)	송완식	동양대학당	1930.12.20	
태조대왕실기(太祖大王實記)	고유상	회동서관	1928.11.15	
파도상선(波濤上船)	고유상	회동서관	1913.9.5	
팔장사전(八壯士傳)	박건회	조선서관	1915.11.6	
팔장사전	홍순필	경성서적업조합	1926.12.20	
편수미인(片手美人)	김재덕	신명서림출판부	1926.2.5	
평안감사(平安監司)	신태삼	세창서관	1933.1.23	
평양공주전(平壤公主傳)	김동진	덕흥서림	1935.12.30(재)(초=1926.12.15)	
표랑(漂浪)의 루(淚)(표랑의 눈물)	강의영	영창서관	1929.11.20	
하진양문록(河陳兩門錄)(상편)	박건회	신구서림	1915.3.10	
하진량문록(중하합편)	박건회	신구서림	1915.3.25	
하진량문록(상편)	송완식	동양대학당	1928.12.23(三)(초=1924.11.28)	
하진량문록(하편)	송완식	동양대학당	1928.12.23(三)(초=1924.11.28)	
한씨보응록(韓氏報應錄)(상)	이해조	오거서창	1918.5.27	
한씨보응록(하)	이해조	오거서창	1918.5.27	
한월(恨月)	노익형	박문서관	1912.10.30	
한월(하권)	노익형	박문서관	1913.10.10	
항장무(項莊舞)	현병주	박문서관	1920.11.20	
해당화(海棠花)	최창선	신문관	1928.8.20(五)(초=1918.4.25)	
해혹(解惑)	강의영	영창서관	1926.11.15	
행락도(行樂圖)	민준호	동양서원	1912.4.10	관재 이도영
행화촌(杏花村)	김송규	광한서림	1931.3.20	
허영(虛榮)	홍영후	박문서관	1922.9.20	
현수문전(玄壽文傳)	박운보(朴雲輔)	신구서림	1920.9.25(재)(초=1917.9.21)	
현미경(顯微鏡)	김교제	동양서원	1912.6.5	
현미경	홍순필	보문관	1918.1.31	
현미경	홍순필	보문관	1922.2.20(재)	
현씨양웅쌍린기(玄氏兩雄雙麟記)(下)	김동진	덕흥서림	1919.9.30	
혈루(血淚)(壹卷)	최항규(崔桓圭)	조선농민사본부	1927.□.30	
혈루몽(血淚夢)	서병수(徐丙洙)	대성서림	1932.12.20(七)(초=1926.7.26)	

도서명	저/역/편/발행자	발행처	발행일	표지화가
혈루몽	서병수	대성서림	1949.1.20	
혈루(血淚)의 미인(美人)	신태삼	세창서관	1935.11.10	
형산백옥(荊山白玉)	박건회	신구서림	1918.3.10(재)(초=1915.1.30)	
형월(螢月)	노익형	박문서관	1915.1.25	관재 이도영
형제(兄弟)(一名:過去의 罪)	강의영	영창서관	1927.9.20	
홍계월전(洪桂月傳)	박건회	광동서국	1916.2.5	
홍계월전	이면우	대산서림	1926.1.25	
홍길동전(洪吉童傳)	노익형	박문서관	1926.1.15	
홍길동전		성문당서점	1926.1.8	
홍도야 설워마라	박누월(朴淚月)	영인서관	1947.1.17(탈고일자)	화성 이승철
홍도화(紅桃花)(上)	이해조	유일서관(원매소)	1908(月日표기없음)	관재 이도영
홍도화(下)	이해조	동양서원	1911.10.20(재)(초=1910.5.10)	
홍도화	이해조	동양서원	1912	관재 이도영
홍루미인(紅淚美人)	김동진	덕흥서림	1937.11.15	
홍보석(紅寶石)	김용준	보급서관	1913.2.10	
홍보석	김용해(金容海)	박문서관	1922.9.15(재)(초=1913.2.10)	
홍안박명(紅顔薄命)	박준표(朴埈杓)	신구서림	1928.12.10	
홍장군전(洪將軍傳)(上)	이해조	오거서창	1918.5.27	
홍장군전(下)	이해조	오거서창	1918.5.27	
화세계(花世界)	이해조	동양서원	1911.10.10	
화수분(貨水盆)	심우택(沈禹澤)	광학서포	1914.1.25	
화옥쌍기(上)	이종정	대창서원	1914.9.25	
화옥쌍기(下)	이종정	대창서원外	1922.1.4(三)(초=1914.10.10)	
화용도실기(華容道實記)	조남희(趙男熙)	동양서원	1925.9.30	
화용도실기	조남희	동양서원	1926.1.10(재)	
화용도실기	이종수	성문당서점	1936.1.8	
화용월태(花容月態)	강의영	영창서관	1920.12.15(재)(초=1918.12.31)	
화(花)의 혈(血)	이해조	오거서창	1918.3.13(재)(초=191.6.30)	
황금(黃金)에 우는 처녀(處女)	조준경	보성서관	1938.8.30	
황금(黃金)의 꽃	조준경	보성서관	1937.1.10	
황금(黃金)의 몽(夢)	신태삼	세창서관	1935.11.10	
황금탑(黃金塔)	김용준	보급서관	1912.1.10	관재 이도영
황부인전(黃夫人傳)	최석정	박문서관	1925.11.25	
황월선전(黃月仙傳)	김동진	덕흥서림	1928.11.5	
황혼(黃昏)의 루(淚)	노익환	신구서림	1929.12.10	
효자도(孝子島)	이윤혁(李尹赫)	대성서림	1934.9.23(三)(초=1930.1.15)	화성 이승철
효종대왕실기(孝宗大王實記)	김동진	덕흥서림	1930.10.5	
흑상자(黑箱子)	박준표	대산서림(발매소)	(간행일자 미상)	
흥부전	노익형	박문서관	1924.6.30(三)(초=1917.2.15)	

도서명	저/역/편/발행자	발행처	발행일	표지화가
흥부전	조남희	동양서원	1925.11.30	

2) 非소설

(1) 척독류

도서명	저/역/편/발행자	발행처	발행일
가정간독(家庭簡牘)	이정환(李鼎煥)	회동서관	1910.5.25(재)(초=1909.10.15)
신식언문가정간독(新式諺文家庭簡牘)		박문서관	(간행일자 미상 1911-1913추정)
시문척독(時文尺牘)	강의영	영창서관	1924.3.25(재)(초=1922.9.30)
여자서간문(女子書簡文)	박건회	신구서림	1924.10.15(三)(초=1913.10.15)
최신일용무쌍가정보감(最新日用無雙家庭寶鑑)	강의영	영창서관	1926.12.7
시행척독	강하형	태화서관	1930.12.20(18판)(초=1923.1.20)
언문간독(諺文簡牘)	강의영	영창서관	1932.12.20(七)(초=1917.3.10)
신식통속간독(新式通俗簡牘)	강은형(姜殷馨)	대성서림	1935.5.4(八)(초=1931.1.15)
최신언문가정보감(最新諺文家庭寶鑑)		박문서관	(간행일자 미상 일제시기)
시행미문척독(時行美文尺牘)		신구서림	(간행일자 미상 일제시기)
특별가정요람(特別家庭要覽)		태화서관	(간행일자 미상 일제시기)
가정편지투	윤오중(尹旿重)	근흥인서관	1945.9.15
시체(時體)언문편지틀	김동진	덕흥서림	1932.3.22(三)(초=1926.12.15)
시체(時體)국문편지틀	김동진	덕흥서림	(간행일자 미상, 해방기)
농가보감(農家寶鑑)		진주농대기성회	1947.12
시행척독(時行尺牘)	근흥인서관		(간행일자 미상, 해방기)

(2) 笑話集

도서명	저/역/편/발행자	발행처	발행일
앙천대소(仰天大笑)	선우일(鮮于日)	박문서관	1913.9.27
앙천대소	선우일	박문서관	1917.2.15(재)(초=1913.9.27)
깔깔우슴	남궁설	한성서관	1917.12.30(재)
소천소지(笑天笑地)	최창선	신문관	1918.3.21
소성(笑聲) 우슌소리	강의영	영창서관	1926.11.15
멍텅구리재담(才談)	강범형	화광서림	1932.11.20(재)(초=1926.6.15)
십삼도재담집(十三道才談集)	신구서림		(간행일자 미상 일제강점기)
신기한 이야기	김동진	덕흥서림	1933.9.15
신불출넌센스대머리백만풍	신불출(申不出)	성문당서점	(간행일자 미상, 1930년대 추정)

(3) 가요집

도서명	저/역/편/발행자	발행처	발행일
남훈태평가	최창선	신문관	1913.3.3
정선 조선가곡(精選朝鮮歌曲)	지송욱(池松旭)	신구서림	1914.11.7
무쌍신구잡가(無雙新舊雜歌)	홍순필	조선도서	1925.11.10
신구잡가(新舊雜歌)	최석정	신구서림	1927.9.25
고금잡가(古今雜歌)	김동진	덕흥서림	1928.11.13(七)(초=1916.2.5)
노들강변창가	홍종기(洪鍾起)	성문당서점	1937.10.20(재)(초=1936.11.15)
신구(新舊)유행잡가(流行雜歌)	강하형	태화서관	1945.10.25(재)(초=1928.10.18)
신민요걸작집(新民謠傑作集)	문우당	(간행일자 미상 해방기)	
남녀병창유행창가(男女並唱流行唱歌)		태화서관	1946.5.20

(4) 기타

도서명	저/역/편/발행자	발행처	발행일
정정주해(訂正註解) 박보(博譜)	선우일	박문서관	1913.9.27
관성제군점서(關聖帝君占書)	김동진	덕흥서림	1931.12.25

3) 1950년대 이후의 딱지본

(1) 소설

도서명	저/역/편/발행자	발행처	발행일
B.B.자유부인(自由夫人)(일명 : 사랑에 취한 여자)		세창서관	1957.12.30
가인(佳人)의 일생(一生)	(서지사항 미상)		
강릉추월(江陵秋月)		영화출판사	1971
강릉추월		향민사	1971.12.10
강릉추월		세창서관	1952.8.30
강명화(康明花)의 애사(哀死)		세창서관	(간행일자 미상)
강명화의 죽엄		영화출판사	(간행일자 미상)
강태공전(姜太公傳)		세창서관	1952.1.5
검사(檢事)와 여선생(女先生)		향민사	1962.10.30
견우직녀(牽牛織女)		세창서관	1952.12.30
괴물의 조화	(서지사항 미상)		
그 여자(女子)의 애정(愛情)		세창서관	(간행일자 미상)
금낭이산(錦囊二山)		세창서관	(간행일자 미상)
금방울전		세창서관	(간행일자 미상)
김인향전(金仁香傳)		공동문화사	1954.10.10
남편(男便) 대신 옥(獄)에 갇힌 아내		대조사	1960.1.10

도서명	저/역/편/발행자	발행처	발행일
남편(男便) 차져 만주(滿洲)		세창서관	1961.12.30
눈물 겨운 사랑		大造社	1956.3.30
능라도(綾羅島)		향민사	1972.9.15
능라도		세창서관	(간행일자 미상)
능라도		세창서관	(간행일자 미상)
능라도		세창서관	1957.12.30
능라도		향민사	1978.9.5
대성용문전(大成龍門傳)		세창서관	1952.8.30
대월서상기(待月西廂記)		세창서관	1961.12.30
돌아온 딸		세창서관	(간행일자 미상)
돌아온 딸	(서지사항 미상)		
동물(動物)들의 잔치	(서지사항 미상)		
동정상애(同情相愛)		세창서관	1952.12.30
동정(同情)의 미인(美人)		세창서관	1952.12.30
두껍전		세창서관	(간행일자 미상)
뜨거운 애정(愛情)		세창서관	1957.12.30
마적(馬賊)과 처녀(處女)		세창서관	1952.12.30
만월대(滿月台)		영화출판사	(간행일자 미상)
만주(滿洲)의 혈루(血淚)		세창서관	1957.12.30
며느리의 죽음		세창서관	1961.12.30
모란병(牡丹屛)		영화출판사	1958.10.20
무정(無情)한 미인(美人)		세창서관	(간행일자 미상)
절세(絶世)미인도(美人圖)		향민사	1964.10.30
방산월(芳山月)		세창서관	1952.12.30
방산월		세창서관	1961.12.30
방화유수정(訪花隨柳亭)		세창서관	1962.12.30
배비장전(裵裨將傳)		세창서관	(간행일자 미상)
백의인(白衣人)의 루(淚)		세창서관	1952.12.30
변심(變心)한 여인(女人)		대조사	1959.12.1
북간도(北間島)의 루(淚)		세창서관	1952.12.30
불로초(不老草)		세창서관	(간행일자 미상)
사각전(謝角傳)		세창서관	1952.12.30
사랑에 속고 돈에 울고		세창서관	1952.12.30
사명당전(四溟堂傳)		세창서관	(간행일자 미상)
사씨남정기(謝氏南征記)		세창서관	1952.1.5
세종대왕실기(世宗大王實記)		세창서관	1952.12.30
소학사전(蘇學士傳)		영화출판사	1959.10.20
송죽(松竹)		세창서관	1952.12.30
송죽		세창서관	1962.12.30

도서명	저/역/편/발행자	발행처	발행일
숙영낭자전(淑英娘子傳)		세창서관	1952.12.30
숙향전(淑香傳)		세창서관	1952.12.30
승방애화(僧房哀花)		세창서관	(간행일자 미상)
승방(僧房)의 루(淚)		세창서관	1962.12.30
아내의 도술		대조사	1960.1.10
아버지의 원수	(서지사항 미상)		
악마(惡魔)의 루(淚)		세창서관	(간행일자 미상)
안(雁)의 성(聲)	(서지사항 미상)		
여자충효록(女子忠孝錄)		세창서관	1952.12.30
여장군전(女將軍傳)		세창서관	(간행일자 미상)
여중호걸(女中豪傑)		세창서관	1952.12.30
도상(圖像) 옥중화(獄中花)		세창서관	1952.12.30
옥낭자(玉娘子)		세창서관	(간행일자 미상)
옥초(玉草)와 성복(成福)내외		영화출판사	1961.11.15
옥장군전(王將軍傳)		세창서관	1961.12.30
월봉산기(月峰山記)(상하합편)		세창서관	1961.12.30
유곽(遊廓)의 루(淚)		세창서관	1952.12.30
육효자전(六孝子傳)		세창서관	(간행일자 미상)
장학사전(張學士傳)		세창서관	1961.12.30
장한몽(長恨夢)(上)		영화출판사	1961.10.10
장한몽(下)		영화출판사	1961.10.10
장한몽		세창서관	(간행일자 미상)
장한몽		세창서관	1952.12.30
장화홍련전(薔花紅蓮傳)		향민사	1978.9.5
절처봉생(絶處逢生)		세창서관	1952.12.30
젊은이들의 꿈	조정식(曺貞植)	향민사	1964.10.30
정도령전(鄭道令傳)		세창서관	1962.12.30
조웅전(趙雄傳)	(서지사항 미상)		
죽었던 며느리		대조사	1960.1.10
지상(地上)의 비극(悲劇)		세창서관	(간행일자 미상)
참사랑은 이렇다		영화출판사	(간행일자 미상)
청춘의 보쌈		세창서관	1952.12.30
초로인생(草露人生)		영화출판사	(간행일자 미상)
초패왕실기		세창서관	1962.12.30
촌색시		세창서관	1957.12.30
추월색(秋月色)		향민사	(간행일자 미상)
추풍감별곡(秋風感別曲)		세창서관	1952.12.30
춘몽(春夢)		세창서관	1952.12.30
춘몽		영화출판사	1958.10.20

도서명	저/역/편/발행자	발행처	발행일
춘몽	(서지사항 미상)		
춘향전(春香傳)		영화출판사	1958.10.20
춘향전		향민사	1963.10.30
팔장사전(八壯士傳)		세창서관	1962.12.30
한양오백년가(漢陽五百年歌)		세창서관	1957.12.30
현철(賢哲)한 아내		세창서관	1952.12.30
홍경래실기(洪景來實記)		세창서관	1962.12.30
홍길동전(洪吉童傳)		세창서관	(간행일자 미상)
홍길동전		영화출판사	1957.10.20
홍도(紅桃)의 일생(一生)		영화출판사	1961.10.10
황금(黃金)의 몽(夢)		세창서관	1952.12.30
황부인전(黃夫人傳)		세창서관	1952.12.30
황장군전(黃將軍傳)		세창서관	1952.12.30

(2) 비소설

도서명	저/역/편/발행자	발행처	발행일
가정보감(家庭寶鑑)	장영구(張永九)	문창사	1951.11.20
대머리백만풍		일신사	(간행일자 미상)
깔깔우슴주머니		세창서관	1952.12.30
덕수궁의 비밀	선우훈(鮮于燻)	세광출판사	1956.2.12(三)
신구가정편지투		대조사	1959.12.25
신구가정편지투(新舊家庭片紙套)		향민사	(간행일자 미상)
시행가정척독(時行家庭尺牘)		세창서관	(간행일자 미상)
가정보감(家庭寶鑑)	(서지사항 미상)		
가정편지투		명문당	(간행일자 미상)
온각거시 가정요람	(서지사항 미상)		
고금가요전집(古今歌謠全集)	최민삼(崔民三)	삼일문화사	(간행일자 미상)
신고명가전집(新古名歌全集)	박시춘(朴是春)	대동사	1959.12.20